DR. OETKER

FONDUE

DR. OETKER

FONDUE

CERES

Ein alter Brauch wird wieder jung

Rund um ein Feuer oder um einen Tisch zu sitzen und Suppe oder Brei aus einem gemeinsamen Topf zu löffeln, ist ein guter alter Brauch, der viele tausend Jahre geübt wurde. Vor allem, weil Eßgeräte noch rar waren und für die meisten Menschen auch kaum erschwinglich. Mit zunehmender Zivilisation geriet diese behagliche und rustikale Art zu speisen in Vergessenheit. Bis zum Beginn unseres Jahrhunderts, als das oder die Fondue in der Schweiz erfunden wurde. (Ob es das oder die Fondue heißt, darüber können sich selbst Fachleute nicht einigen! In diesem Buch werden wir das Fondue sagen, weil es mittlerweile gebräuchlicher ist.)

Mit Fondue war zunächst jenes duftende, brodelnde Gericht aus Käse gemeint, das aus einem Topf mit Hilfe von Gabeln und Weißbrotstückchen auf den Teller und in den Mund transportiert wird.

Dieses köstliche Essen begann in den fünfziger Jahren seinen Siegeszug rund um die Welt. Heute werden in geselliger Runde nicht nur Käsefondues verspeist, sondern auch zahlreiche Varianten wurden kreiert. Fondue-Wellen zogen immer neue Kreise, und die meisten Fondues haben mit Käse mittlerweile nichts mehr zu tun.

Allen Fondues gemeinsam ist die Art, Gerichte in der Mitte eines Tisches zuzubereiten und im Kreise netter Leute zu genießen. Genießen Sie mit!

Was Gäste und Gastgeber wissen sollten

Für die Gastgeber ist Fondue eine praktische Sache, weil sie alles rechtzeitig vorbereiten können. So bleibt die gesellige Runde beisammen und keiner muß immer wieder in die Küche laufen, um etwas nachzuholen oder neue Gänge anzurichten. Beim Fondue werden zu Beginn des Essens alle Zutaten auf oder neben dem Tisch bereitgestellt, inklusive aller Beigaben und Getränke.

Und während des folgenden, etwa zweistündigen Rituals ist es selbstverständlich, daß auch die Gäste sich betätigen, Getränke nachschenken und auf die Spiritusflamme achten.

Anschließend lassen sich die Gespräche, die bei einem solchen Essen beginnen, in guter Stimmung fortsetzen. Und vielleicht wird der Abend mit einem Täßchen Mokka beschlossen.

In einer Fonduerunde erleben und bestimmen alle Teilnehmer selbst, wie rohe Zutaten sich in duftende Speisen verwandeln. Die Gäste sollten Spaß daran haben, sich ihr Essen selbst zuzubereiten. Bei der mündlichen oder schriftlichen Einladung sollte man deshalb ausdrücklich darauf hinweisen, daß man sich zum Fondue zusammensetzen will. Für Fondues braucht man Zeit. Deshalb beginnt man mit einer Einladung zum Fondue am besten in den frühen Abendstunden.

Rund um den Fonduetisch

Fondue wird besonders praktisch an einem runden Tisch serviert. Der Fonduetopf steht in der Mitte des Tisches und ist für alle Gäste gut erreichbar. Bei einem rechteckigen Tisch sind die Plätze an den Längsseiten die besseren – denn der Weg zum Fonduetopf ist von hier aus kürzer. Beim Decken des Tisches sollte man darauf achten, daß für jeden Gast genügend Armfreiheit vorhanden ist.

Wenn mehr als 6 Personen Fondue essen, ist es empfehlenswert, zwei oder mehr Fonduetöpfe auf den Tisch zu stellen. Denn bei mehr als 6 Personen wird der Weg zum Topf für einige Gäste zu weit. Brühe oder Fett kühlen während des Fondues zu stark aus, wenn zu viel auf einmal darin garen soll. Außerdem kann man in zwei Fonduetöpfen verschiedene Fondues servieren, z. B. ein Fett-Fondue und ein Brühen-Fondue, und wird so verschiedenen Vorlieben gerecht.

Fonduetopf, Soßentöpfe, Brot, Salat usw. benötigen auf dem Tisch genügend Platz. Alles, was auf dem Tisch keinen Platz mehr findet, z. B. Getränke und Blumenschmuck, kann auf Teewagen oder Beistelltische gestellt werden.

Der Fonduetisch

Der Tisch sollte möglichst Ton in Ton oder in einer Farbe gedeckt werden, denn der Tisch wird noch bunt genug durch die Zutaten, die farbenfroh und dekorativ sind. Zum Beispiel rohes Fleisch und geschnetzeltes Gemüse auf passenden Platten, Tabletts oder Holzbrettern. Soßen und Beigaben machen sich gut in der gleichen Geschirrserie wie die Teller, sehen aber ebenso appetitlich in Gefäßen aus Metall, Holz oder Glas aus. Fertige Soßen dürfen sogar in Originalflaschen auf dem Tisch stehen. Auch Saures oder Süß-Saures kann in den hübschen Gläsern bleiben, in denen es gekauft oder eingemacht wurde.

Darüber hinaus werden noch Bestecke zum Essen und Fonduegabeln benötigt. Die Fonduegabeln müssen bei Fettfondues einen Griff haben, der nicht heiß werden kann, z. B. aus Holz oder einem anderen hitzebeständigen Material, das ein schlechter Wärmeleiter ist. Fonduegabeln lassen sich gut und preiswert durch etwa 20 cm lange Holzstäbchen ersetzen.

Die Geräte

Das Wichtigste auf dem Fonduetisch ist selbstverständlich das Gerät in der Tischmitte, das der Art des Fondues entsprechend ausgewählt werden muß. Als Hitzequelle zum Fritieren benötigt man einen regulierbaren Fonduerechaud. Dafür gibt es Brenner, die mit Spiritus oder Brennpaste betrieben werden. Ein nach Vorschrift mit Spiritus gefüllter Rechaud brennt bei mittlerer Einstellung gut 2 Stunden. Muß dennoch einmal nachgefüllt werden: immer vergewissern, daß keine Flamme mehr brennt! Dazu den Rechaud mit dem Deckel verschließen und etwa 5 Minuten verschlossen lassen. Dann kann der Rechaud wieder mit Spiritus gefüllt werden.

Neben dem bekannten Spiritus-Rechaud gibt es auch Rechauds mit brennbarer Paste, die weniger geruchsbelästigend und sicherer in der Anwendung sind. Außerdem gibt es Elektrogeräte, deren Wärmezufuhr sich besonders präzise regeln läßt.Ein Stövchen mit Kerze oder eine Elektro-Warmhalteplatte reichen für die Fondues aus, die nur heiß bleiben sollen.

Auch Töpfe und Pfannen müssen der Art des Fondues entsprechen. Zum Garen in siedendem Fett und in kochender Brühe eignen sich am besten hohe Töpfe, die sich nach oben hin verjüngen und eine enge Öffnung haben, damit es nicht spritzt und möglichst wenig Hitze verlorengeht. Besonders praktisch sind Patenttöpfe mit Ringdeckel, der unangenehmen Rauch zurückhält, gut vor Spritzern schützt und in den die Gabeln eingehängt werden können.

Die Töpfe für Fett-Fondues müssen große Hitze vertragen und halten und sollten möglichst aus einem Material wie Gußeisen oder Edelstahl sein, das die Hitze gut leitet.

Die Töpfe für Käsefondues sind eine Art flache Keramik-Kasserolle mit einem langen Griff. Ebensogut eignen sich andere flache Töpfe aus feuerfestem Material, deren Öffnung sich ein wenig verengt.

Weiter gibt es spezielle Geräte für süße Fondues und für Raclette, deren Anschaffung sich jedoch nur lohnt, wenn diese Gerichte Liebhaber in der Familie gefunden haben und Familie und Gäste öfter damit verwöhnt werden. Ein Toaster ist praktisch, denn frisch geröstetes Brot schmeckt zu Fondues sehr gut.

Die Zutaten

Käsefondues

Geeignet für Käsefondues sind besonders abgelagerte Käsesorten, weil sie keine oder kaum noch Fäden ziehen. Schmelzfähig sind jedoch alle Käsesorten. Und probieren Sie ruhig auch andere als die in den Rezepten angegebenen Käsesorten aus.

Zum Eintauchen ins Käsefondue eignen sich außer Brot noch viele andere Zutaten, die köstlich schmecken, wenn sie kurz in die heiße Käsemasse getaucht werden. Zum Beispiel Bananen, Stangensellerie, Shrimps, Fleischklößchen, Kräcker, Knäckebrot, Chicoréeblätter, Paprikastreifen, Salatgurkenscheiben, Champignons, Salzbrezeln, Kompottfrüchte wie Birne und Ananas, Senffrüchte, eingelegter Ingwer, Senfgurken und vieles mehr nach dem Motto: Erlaubt ist, was gefällt!

Fondues aus dem Fettbad

Das Wichtigste beim Fritieren von Fleischwürfeln, Wurst- und Gemüsestücken ist die Auswahl des richtigen Fettes. Es muß auf jeden Fall ein 100% reines Pflanzenfett sein, das kein Wasser enthält, z.B. Biskin. Butter oder Margarine sind deshalb ungeeignet, denn sie bestehen aus einer Emulsion von Fett und Wasser.

Besonders gut zum Fritieren geeignet sind festes Pflanzenfett oder Pflanzenöl. Reine Pflanzenöle sind „flüssige Pflanzenfette", die entweder sortenrein, z.B. als Sonnenblumenöl, oder als Öl-Mischungen, z.B. als Sonnenblumen- und Sojaöl, angeboten werden. Pflanzenöle enthalten mehrfach ungesättigte Fettsäuren und sind deshalb für den Menschen besonders wertvoll. Zur Verwendung in Fondues ist besonders Biskin-Öl zu empfehlen.

Festes, weißes Pflanzenfett enthält wie reines Pflanzenöl kein Wasser. Diese Fette sind besonders hitzestabil und eignen sich deshalb hervorragend zum Fritieren. Im Gegensatz zu Schmalz und Talg sind sie geschmacksneutral. Sie erhalten und unterstreichen den Eigengeschmack der Speisen und sind hoch erhitzbar. Weiße Fette bestehen hauptsächlich aus Palmkern- oder Kokosfett. Im Handel ist z.B. Biskin erhältlich, das sich im Kühlschrank mindestens 6 Monate frisch hält.

Für ein gutes Gelingen ist es nötig, Rindfleisch lange genug abhängen zu lassen. Etwa 14 Tage bis 3 Wochen im Kühlraum des Fleischers gereiftes Fleisch kann dann auch von preiswerteren Teilen stammen. Zum Beispiel vom Kamm, von der Hüfte oder Blume.

Auch ein Stück aus Oberschale, Unterschale oder Schwanzrolle können Sie nehmen, wenn Sie das Fleisch entsprechend vorbereiten.

Zum Beispiel die Fleischwürfel mit etwas Fleichweichmacher bestreuen, mit etwas Öl betropfen, gut mischen und zusammendrücken, zudecken und dann etwa 1 bis 2 Stunden bei Zimmertemperatur stehenlassen. Oder 2 EL Öl mit 1 EL trockenem Sherry oder Weinbrand und ½ TL Zwiebelpulver sowie vielleicht dem Saft einer Knoblauchzehe verrühren, die Fleischwürfel gut darunter mischen, so daß jedes Stück von etwas Marinade überzogen ist. Dann das Fleisch zusammendrücken, zudecken und etwa 6 Stunden bei Zimmertemperatur durchziehen lassen.

Oder einen Tag in den Kühlschrank stellen und etwa 1 Stunde vor dem Essen wieder herausholen, damit es beim Servieren Zimmertemperatur hat.

Gewürze sollten Sie nicht zu knapp bereitstellen. Frisch gemahlenen Pfeffer aus der Mühle, alle anderen Gewürze in Streuern oder Originalgläsern. Würzsoßen wie Tabascosoße und Sambal Oelek bleiben in den Originalflaschen. Und an jedem Platz steht ein Ministreuer mit Salz.

Schlanke Fondues

Für das Gelingen eines schlanken Fondues sollte die Brühe eine gute Qualität haben. Gemüse-, Rinder- und Hühnerbrühe eignen sich gleich gut und können z. B. aus Brühwürfeln zubereitet werden. Ebenso gut können Sie eine Brühe selber kochen. Die Brühen können mit Wein, Sherry und Würzsoßen verfeinert werden.

Die Zubereitung

Käsefondues

Käsefondues erhitzt und schmelzt man am besten erst nach dem Eintreffen der Gäste in einem Topf mit dickem Boden über mittlerer Hitze, immerzu in 8er-Form rührend. Brodelnd wird die geschmolzene Käsecreme dann in eine feuerfeste, irdene Kasserolle (Caquelon) gefüllt und den Gästen über dem entflammten Rechaud oder Stövchen serviert. Pro Person gehören dazu etwa 200 g Weißbrot, so in mundgerechte Stücke geschnitten, daß jedes Stück wenigstens an einer Seite noch knusprige Rinde zeigt, damit die Fonduegabel daran Halt hat.

Beim Käse heißt es achtgeben, daß man sich nicht die Zunge verbrennt, denn der brodelnde Käse ist sehr heiß, und man tut gut daran, ein wenig zu warten, bevor man die hineingetauchten Leckerbissen verzehrt. Vor allem, wenn es sich dabei um Brotbrocken handelt, für die übrigens ein Pfand fällig ist, wenn einer von der Gabel in das Fondue rutscht. Die übrige Kruste, die sich am Boden des Fonduetopfes abgesetzt hat und leicht gebräunt ist, wird mit etwas Kirschwasser übergossen und entzündet.

Käsefondue kann übrigens auch der Mittelpunkt einer kleinen Speisefolge sein. Bei einem solchen Menü paßt vorweg zum Aperitif Bünder Fleisch oder Parmaschinken mit Oliven. Nach dem Käsefondue sind anregende Desserts zu empfehlen. Zum Beispiel Champagnersorbet, Irish Coffee oder Pharisäer.

Fondues aus dem Fettbad

Für das Fritieren in heißem Fett wird der Fonduetopf nur zur Hälfte gefüllt. Festes Pflanzenfett wird im Fonduetopf auf dem Küchenherd geschmolzen, Pflanzenöl wird im Fonduetopf direkt erhitzt. Das flüssige Fett muß eine Temperatur von etwa 180 °C erreichen. Hält man einen Kochlöffel aus Holz ins Fett, so müssen Bläschen hochperlen.

Dann wird der Fonduetopf zugedeckt, über die angezündete Rechaudflamme gesetzt, und die Gäste werden an den Tisch gebeten, auf dem schon alle übrigen Zutaten angerichtet sind, z. B. verschiedene Soßen, für die Fondueteller mit einer großen Fleischmulde und mehreren kleinen Soßenmulden am besten geeignet sind, weil die Soßen nicht ineinanderlaufen können.

Man sollte darauf achten, daß das Fett zum Fritieren heiß genug ist, damit der Fritiervorgang nicht zu lange dauert und das Fleisch oder Gemüse sich voll Fett saugt. Die Fett-Temperatur muß deshalb entsprechend reguliert werden, indem die Hitzezufuhr durch den Rechaud verringert oder verstärkt wird. Die Fett-Temperatur ist optimal, wenn sich die Poren des Gargutes sofort schließen. Dann steigen rund um das Gargut kleine Bläschen auf.

Das Fritierfett kann man je nach Fonduegut 6 bis 10mal wiederverwenden. Dafür muß das Fett nach jedem Fritieren gereinigt werden. Man gießt es durch ein mit Küchenpapier ausgelegtes Metallsieb. Pflanzenfett läßt man dann wieder erstarren. Das Fett ist verbraucht, wenn es beginnt, unangenehm zu riechen und zu schmecken, schon bei etwa 170 °C qualmt oder stark schäumt. Beachten Sie, daß man verbrauchtes Fett bzw. Öl nicht mit neuem Fett bzw. Öl „auffrischen" soll. Nach dem Reinigen können Sie es gut gekühlt und zugedeckt mehrere Monate aufbewahren. Pflanzenöle sollten zum Fritieren nur 2 bis 3mal wiederverwendet werden.

Der Wein

Als Getränke zum Käsefondue empfehlen sich außer trockenem Wein und Kirschwasser – eventuell in Mini-Caquelons – auch Tee oder Kaffee und für Kinder Milch. Vor allem Leute mit empfindlichem Magen sollten Tee dazu trinken, weil er das mächtige Essen bekömmlicher macht.

Zu Fondues mit Fleisch von Wild, Rind und Lamm empfiehlt sich ein vollmundiger Rotwein, z. B. Spätburgunder. Kräftiger Weißwein paßt gut zu hellem Fleisch wie Kalb, Geflügel, Fisch und Meeresfrüchten, und bei Wurst und Schwein darf es nach Belieben herber Rotwein oder kühles Pils sein.

Hinweis

Zu jedem Fonduerezept finden Sie einen Hinweis auf passende Beigaben, die nach Belieben reduziert, gegen andere ausgetauscht und durch andere ergänzt werden können. Kombinieren Sie, wie es Ihnen am besten gefällt. Anregungen dafür finden Sie in den Kapiteln Soßen und Salate.

Die Rezepte auf den folgenden Seiten bringen viele Anregungen für Ihr ganz spezielles Fondue, das Sie auch individuell würzen können und sollten. Kombinieren und variieren Sie nach Ihrem Geschmack.

Und nun können Sie mit dem Fondue beginnen – wir wünschen Ihnen guten Appetit und viel Spaß dabei!

Käsefondue und Raclette

Das ist das Fondue par excellence. Denn Fondue kommt von Schmelzen – oder besser gesagt: Das Wort Fondue steht in der klassischen französischen Küche für Geschmolzenes und Emulgiertes, überwiegend mit Käse. Also der treffende Begriff für jene Köstlichkeiten aus Käse, die in der Eidgenossenschaft ihren Ursprung haben. Sie machen nur wenig Arbeit, eignen sich als Überraschung und können kurzentschlossen organisiert werden. Der Käse kann schon am Vortag geraspelt oder zerkleinert werden. Alle Beigaben werden vorbereitet. In der Küche ist dann am Tage der Einladung nur wenig zu tun. Eventuell sollten Sie noch einen frischen Salat vorbereiten.

Genfer Fondue

(Foto Seite 16/17)

3 Eigelb	mit
125 ml (1/8 l) Schlagsahne	
125 ml (1/8 l) Weißwein	verschlagen, in einem Fonduetopf auf der Kochstelle zum Kochen bringen
500 g Emmentaler-Käse	fein würfeln oder grob raspeln, nach und nach hinzufügen, unter ständigem, kräftigem Rühren köcheln lassen, bis eine einheitliche Masse entstanden ist, mit
frisch gemahlenem Pfeffer	
Salz	
geriebener Muskatnuß	abschmecken
	das Fondue auf dem Rechaud weiterköcheln lassen.
Beigabe	Weißbrotwürfel.

Fondue Piri

1 Zwiebel	abziehen, fein würfeln
200 g enthäutete Tomaten	vierteln, entkernen, kleinschneiden
1/4 grüne Paprikaschote	entkernen, die weißen Scheidewände entfernen, die Schote waschen, trockentupfen, fein würfeln
2 EL Butter oder Margarine	in einem Fonduetopf auf der Kochstelle zerlassen, Zwiebel und Gemüse darin andünsten, mit
Salz	
frisch gemahlenem Pfeffer	würzen, etwa 10 Minuten dünsten lassen
200 ml milden Rheinwein	hinzugießen, zum Kochen bringen
500 g Chester-Schmelzkäse	kleinschneiden, nach und nach zu dem Gemüse geben, unter ständigem, kräftigem Rühren köcheln lassen, bis eine einheitliche Masse entstanden ist
1 EL Speisestärke Gustin	mit
2 Eigelb	
4 EL Schlagsahne	anrühren, das Fondue damit binden, mit
frisch gemahlenem Pfeffer	abschmecken
	das Fondue auf dem Rechaud weiterköcheln lassen.
Beigabe	Helles Graubrot, gebratene Fleischbällchen, erhitzte Cocktailwürstchen.

Pilzfondue

250 g Bergkäse	
250 g Greyerzer-Käse	
	beide Zutaten fein würfeln oder grob raspeln
125 g Pilze (aus der Dose, z.B. Champignons oder Pfifferlinge)	mit heißem Wasser übergießen, abtropfen lassen, fein hacken
1 EL Butter oder Margarine	in einem Fonduetopf auf der Kochstelle zerlassen, die Pilze darin kurze Zeit dünsten lassen
250 ml (¼ l) trockenen Weißwein	hinzugießen, zum Kochen bringen, mit
Knoblauchpulver, Salz	
frisch gemahlenem Pfeffer	würzen, nach und nach den Käse hinzufügen, unter ständigem, kräftigem Rühren köcheln lassen, bis eine einheitliche Masse entstanden ist
1 EL Speisestärke Gustin	mit
4 EL Weißwein	anrühren, das Fondue damit binden, mit
geriebener Muskatnuß	abschmecken
	das Fondue auf dem Rechaud weiterköcheln lassen.
Beigabe	Stangenweißbrot, Kopfsalat.

Goudafondue

400 g junger Gouda	
150 g mittelalter Gouda	
	beide Zutaten fein würfeln oder grob raspeln
250 ml (¼ l) Weißwein	in einem Fonduetopf auf der Kochstelle zum Kochen bringen, nach und nach den Käse hinzufügen, unter ständigem, kräftigem Rühren köcheln lassen, bis eine einheitliche Masse entstanden ist
1 EL Speisestärke Gustin	mit
1 EL Zitronensaft	
4 EL Schlagsahne	anrühren, das Fondue damit binden, mit
frisch gemahlenem Pfeffer	
geriebener Muskatnuß	abschmecken
2 EL Wacholderschnaps	unterrühren
	das Fondue auf dem Rechaud weiterköcheln lassen.
Beigabe	Weißbrot, Holland-Zwieback, Tomaten- oder Kressesalat.

Schweizer Fondue

(Foto Seite 21)

200 g Emmentaler-Käse	
400 g Greyerzer-Käse	
	beide Zutaten fein würfeln oder grob raspeln
1 Knoblauchzehe	abziehen, halbieren, einen Fonduetopf damit ausreiben
4 TL Speisestärke Gustin	mit
300 ml trockenem Weißwein	anrühren, in dem Fonduetopf auf der Kochstelle zum Kochen bringen, nach und nach den Käse,
1 TL Zitronensaft	hinzufügen, unter ständigem, kräftigem Rühren köcheln lassen, bis eine einheitliche Masse entstanden ist
2 EL Kirschwasser	unterrühren, mit
frisch gemahlenem Pfeffer	
geriebener Muskatnuß	abschmecken
	das Fondue auf dem Rechaud weiterköcheln lassen.
Beigabe	Weißbrot oder helles Graubrot, Gewürzgurken, Essiggemüse.

Bierfondue

500 g Chester-Käse	grob raspeln
250 ml (1/4 l) helles Bier	in einem Fonduetopf auf der Kochstelle zum Kochen bringen, nach und nach den Käse hinzufügen, unter ständigem, kräftigem Rühren köcheln lassen, bis eine einheitliche Masse entstanden ist
1 EL Senf	
1 Spritzer Worcestersoße	
1 Spritzer Tabascosoße	unterrühren
	das Fondue auf dem Rechaud weiterköcheln lassen.
Beigabe	Weißbrot oder Graubrot, Staudensellerie oder Gurkenscheiben.

EMMENTALER
SWITZERLAND
EMMENTAL

Tomatenfondue

200 g Emmentaler-Käse	
200 g Greyerzer-Käse	
	beide Zutaten fein würfeln oder grob raspeln
1 Knoblauchzehe	abziehen, halbieren, einen Fonduetopf damit ausreiben
250 ml (¼ l) Weißwein	in dem Fonduetopf auf der Kochstelle zum Kochen bringen, nach und nach den Käse hinzufügen, unter ständigem, kräftigem Rühren köcheln lassen, bis eine einheitliche Masse entstanden ist
1 gehäuften EL Speisestärke Gustin	mit
2 EL Zitronensaft	
2 EL Schlagsahne	anrühren, das Fondue damit binden
2 EL Tomatenmark	
¼ TL gerebelten Oregano	unterrühren, mit
Salz	abschmecken, nach Belieben
125 ml (⅛ l) Schlagsahne	unterrühren
	das Fondue auf dem Rechaud weiterköcheln lassen.
Beigabe	Weißbrot oder helles Graubrot, Serbischer Salat.

Ananasfondue

350 g Ananasscheiben (aus der Dose)	abtropfen lassen, den Saft auffangen, mit
trockenem Weißwein	auf 300 ml ergänzen
400 g Greyerzer-Käse	
200 g Emmentaler-Käse	
	beide Zutaten fein würfeln oder grob raspeln
4 TL Speisestärke Gustin	mit der Flüssigkeit anrühren, in einem Fonduetopf auf der Kochstelle zum Kochen bringen, nach und nach den Käse hinzufügen, unter ständigem, kräftigem Rühren köcheln lassen, bis eine einheitliche Masse entstanden ist, mit
Currypulver	
frisch gemahlenem	
weißem Pfeffer	abschmecken
	das Fondue auf dem Rechaud weiterköcheln lassen.
Beigabe	Weißbrot, die in Stücke geschnittenen Ananasscheiben, Birnenspalten (mit Zitronensaft beträufelt), Bananenscheiben.

Kümmelfondue

500 g jungen Edamer-Käse	fein würfeln oder grob raspeln
125 ml (1/8 l) milden	
Weißwein	in einem Fonduetopf auf der Kochstelle zum Kochen bringen, nach und nach den Käse hinzufügen, unter ständigem, kräftigem Rühren köcheln lassen, bis eine einheitliche Masse entstanden ist
1 EL Speisestärke Gustin	mit
125 ml (1/8 l) Schlagsahne	anrühren, das Fondue damit binden, mit
gemahlenem Kümmel	
1 Spritzer Tabascosoße	abschmecken das Fondue auf dem Rechaud weiterköcheln lassen.
Beigabe	Pellkartoffeln oder Bauernbrot, Bauernsalat, Rote-Bete-Rohkost.

Curryfondue

600 g jungen Gouda	fein würfeln oder grob raspeln
250 ml (1/4 l) milden	
Weißwein	in einem Fonduetopf auf der Kochstelle zum Kochen bringen, nach und nach den Käse hinzufügen, unter ständigem, kräftigem Rühren köcheln lassen, bis eine einheitliche Masse entstanden ist
1 EL Currypulver	unterrühren
1 EL Speisestärke Gustin	mit
4 EL Schlagsahne	anrühren, das Fondue damit binden, mit
frisch gemahlenem	
weißem Pfeffer	abschmecken das Fondue auf dem Rechaud weiterköcheln lassen.
Beigabe	Weißbrot, eingelegter Ingwer, Feigen, Ananasstücke.

Zwiebelfondue

1 Knoblauchzehe	abziehen, halbieren, einen Fonduetopf damit ausreiben
500 g jungen Gouda	fein würfeln oder grob raspeln
250 ml (1/4 l) Apfelsaft	in dem Fonduetopf auf der Kochstelle zum Kochen bringen, nach und nach den Käse hinzufügen, unter ständigem, kräftigem Rühren köcheln lassen, bis eine einheitliche Masse entstanden ist
2 TL Speisestärke Gustin	mit

(Fortsetzung Seite 24)

1 EL Zitronensaft anrühren, das Fondue damit binden
das Fondue auf dem Rechaud weiterköcheln lassen
1 Zwiebel abziehen, fein reiben, unter das Fondue rühren.
Beigabe Helles Graubrot, Tomatensalat.

Käsefondue von dreierlei Käse

(Foto Seite 25)

200 g Greyerzer-Käse
200 g Raclette-Käse
100 g Mozzarella-Käse
die drei Zutaten in kleine Würfel schneiden, mit
1 abgezogenen, zerdrückten Knoblauchzehe
100 ml Milch
200 ml Weißwein in einem Fonduetopf langsam erhitzen, dabei ständig rühren, wenn der Käse geschmolzen, aber noch nicht gelöst ist,
2 EL Speisestärke Gustin mit
4 EL Weißwein anrühren, unterrühren, unter ständigem, kräftigem Rühren so lange köcheln lassen, bis eine einheitliche Masse entstanden ist, kurz aufkochen lassen, mit
frisch gemahlenem Pfeffer
geriebener Muskatnuß abschmecken
das Fondue auf dem Rechaud weiterköcheln lassen.
Beigabe Dicke Salzstangen, Weißbrot, gebackene Kartoffeln, Sauerkrautsalat, Bauernsalat, Badische Salaträllchen.

Golden Fondue

500 g Chester-Käse fein würfeln oder grob raspeln
250 ml (1/4 l) Rotwein in einem Fonduetopf auf der Kochstelle zum Kochen bringen, nach und nach den Käse,
2 TL mittelscharfen Senf
1 TL Paprika edelsüß hinzufügen, unter ständigem, kräftigem Rühren köcheln lassen, bis eine einheitliche Masse entstanden ist
1 TL Speisestärke Gustin mit
2 EL Schlagsahne anrühren, das Fondue damit binden
das Fondue auf dem Rechaud weiterköcheln lassen.
Beigabe Geröstetes Weißbrot in Streifen geschnitten, Kressesalat.

Olivenfondue

8 schwarze Oliven	entkernen, fein hacken
1 Knoblauchzehe	abziehen, in Scheiben schneiden, mit
¼ TL Salz	bestreuen, unter einer Messerschneide zerdrücken
400 g Emmentaler-Käse	
200 g jungen Gouda	
	beide Zutaten fein würfeln oder grob raspeln
300 ml Apfelwein	in einem Fonduetopf auf der Kochstelle zum Kochen bringen, den Käse nach und nach hinzufügen, unter ständigem, kräftigem Rühren köcheln lassen, bis eine einheitliche Masse entstanden ist,
	Oliven und Knoblauchzehe unterrühren
1 EL Speisestärke Gustin	mit
4 EL Schlagsahne	anrühren, das Fondue damit binden
1 TL Sardellenpaste	unterrühren
	das Fondue auf dem Rechaud weiterköcheln lassen.
Beigabe	Bauernbrot oder Weißbrot, Tomatensalat.

Schmelzkäsefondue

250 g Chester-Schmelzkäse	in Würfel schneiden
4 Ecken (etwa 250 g) Rahmschmelzkäse	in Stücke schneiden
125 ml (⅛ l) Weißwein	in einem Fonduetopf auf der Kochstelle zum Kochen bringen, nach und nach den Käse hinzufügen, unter ständigem, kräftigem Rühren köcheln lassen, bis eine einheitliche Masse entstanden ist, mit
Knoblauchsalz	
frisch gemahlenem Pfeffer	abschmecken, nach Belieben
2 EL Aquavit	unterrühren
	das Fondue auf dem Rechaud weiterköcheln lassen.
Beigabe	Geröstetes Toastbrot, süß-sauer eingelegtes Obst oder Gemüse.

Senffondue

300 g Emmentaler-Käse	
200 g Butterkäse	
	beide Zutaten in kleine Würfel schneiden

125 ml (⅛ l) Weißwein	in einem Fonduetopf auf der Kochstelle zum Kochen bringen, nach und nach den Käse hinzufügen, unter ständigem, kräftigem Rühren köcheln lassen, bis eine einheitliche Masse entstanden ist
125 ml (⅛ l) saure Sahne	
3–4 EL mittelscharfen Senf	eßlöffelweise unterrühren
1 gehäuften EL Speisestärke Gustin	mit
3 EL Weißwein	anrühren, das Fondue damit binden, mit
frisch gemahlenem schwarzem Pfeffer	
Tabascosoße	abschmecken, das Fondue weiterköcheln lassen.

Mittelmeerfondue

800 g tiefgekühlte Shrimps	bei Zimmertemperatur auftauen lassen, unter fließendem, kaltem Wasser abspülen, abtropfen lassen, mit
Zitronensaft	beträufeln, etwa 10 Minuten ziehen lassen, in Schälchen anrichten
1 große Zwiebel	abziehen, fein würfeln
250 g geriebenen Chester-Käse oder 300 g geriebenen Schweizer Emmentaler	mit
125 ml (⅛ l) Weißwein	in einen Fonduetopf geben, unter ständigem Rühren auf dem Rechaud köcheln lassen, bis eine einheitliche Masse entstanden ist
½ TL Dillspitzen	mit den Zwiebelwürfeln zu der Käsemasse geben, mit
Senf, Zucker	
Cayennepfeffer	abschmecken, Shrimps einzeln auf Fonduegabeln spießen, in dem Fondue erhitzen.
Beigabe	Stangenweißbrot, Senffrüchte, gut abgetropfte Ananasstücke.

Buttermilchfondue

½ Knoblauchzehe	abziehen, in eine Knoblauchpresse legen, den Saft in einen Fonduetopf pressen
3 EL Butter oder Margarine	hinzufügen, zerlassen
3 EL Weizenmehl	darüber stäuben, verrühren

(Fortsetzung Seite 28)

500 ml (½ l) Buttermilch	hinzugießen, unter ständigem Rühren zum Kochen bringen, von der Kochstelle nehmen
500 g Emmentaler-Käse	hineinreiben, unter Rühren erhitzen, bis der Käse geschmolzen ist
¼ TL geriebene Muskatnuß	unterrühren, nach Belieben mit
Tabascosoße oder frisch gemahlenem Pfeffer	abschmecken, das Fondue auf dem Rechaud weiterköcheln lassen.
Beigabe	Weißbrotwürfel, Cornichons, Kompottfrüchte (z. B. Ananas, Birnen, Äpfel).

Speckfondue

400 g jungen Gouda	
150 g mittelalten Gouda	beide Zutaten fein würfeln oder grob raspeln
100 g Frühstücksspeck	in Würfel schneiden, knusprig ausbraten, mit Küchenpapier trockentupfen
1 Knoblauchzehe	abziehen, halbieren, einen Fonduetopf damit ausreiben
250 ml (¼ l) Apfelwein	in dem Fonduetopf auf der Kochstelle zum Kochen bringen, nach und nach den Käse hinzufügen, unter ständigem, kräftigem Rühren köcheln lassen, bis eine einheitliche Masse entstanden ist
1 EL Speisestärke Gustin	mit
4 EL Schlagsahne	anrühren, das Fondue damit binden
¼ TL frisch gemahlenen schwarzen Pfeffer	unterrühren, das Fondue auf dem Rechaud weiterköcheln lassen, den Speck darüber streuen.
Beigabe	Kümmelbrot, Folienkartoffeln, Radieschen- oder Bohnensalat.

Mainzer Fondue

500 g reifen Mainzer oder Harzer Käse	in dünne Scheiben schneiden
250 ml (¼ l) Rheinwein	in einem Fonduetopf auf der Kochstelle zum Kochen bringen, nach und nach den Käse hinzufügen, unter ständigem, kräftigem Rühren köcheln lassen, bis eine einheitliche Masse entstanden ist
1 EL Speisestärke Gustin	mit
125 ml (⅛ l) Milch	anrühren, das Fondue damit binden, mit
1 EL Paprika edelsüß	würzen
	das Fondue auf dem Rechaud weiterköcheln lassen.
Beigabe	Weißbrot oder Vollkornbrot, Serbischer Salat.

Spinatfondue

150 g tiefgekühlten Spinat	bei Zimmertemperatur auftauen, abtropfen lassen
500 g jungen Gouda	fein würfeln oder grob raspeln
1 Zwiebel	abziehen, fein würfeln
2 EL Butter oder Margarine	in einem Fonduetopf auf der Kochstelle zerlassen, die Zwiebel darin hellgelb dünsten lassen
250 ml (1/4 l) Schlagsahne	hinzugießen, zum Kochen bringen, nach und nach den Käse hinzufügen, unter ständigem, kräftigem Rühren köcheln lassen, bis eine einheitliche Masse entstanden ist den Spinat unterrühren
1 gestrichenen EL Speisestärke Gustin	mit
2 EL Schlagsahne	anrühren, das Fondue damit binden, mit
Salz, frisch gemahlenem Pfeffer	
geriebener Muskatnuß	abschmecken, das Fondue weiterköcheln lassen.

Kräuterfondue

300 g Emmentaler-Käse	fein würfeln oder grob raspeln
4 Ecken (etwa 250 g) Rahmschmelzkäse	in Stücke schneiden
250 ml (1/4 l) helles Bier	in einem Fonduetopf auf der Kochstelle zum Kochen bringen, nach und nach den Käse hinzufügen, unter ständigem, kräftigem Rühren köcheln lassen, bis eine einheitliche Masse entstanden ist
1 EL Speisestärke Gustin	mit
2–3 EL Kirschwasser	anrühren, das Fondue damit binden
4 EL gehackte Kräuter (z. B. Petersilie, Dill, Schnittlauch, Basilikum)	unterrühren, das Fondue auf dem Rechaud weiterköcheln lassen.

Raclette

(Foto Seite 31)

Das Raclette ist ein Käsegericht aus dem Schweizer Kanton Wallis. So ist das Original-Rezept: Große Käsestücke (Laibe) werden mit der Schnittfläche an die Glut der Feuerstelle

(Fortsetzung Seite 30)

(Kamin) gehalten, bis die Oberfläche weich zu werden beginnt. Diese weiche, leicht gebräunte Schicht wird mit einem Spezialmesser, dem Raclette, nach dem dieses Gericht benannt ist, auf vorgewärmte Teller geschabt und, mit geschrotetem Pfeffer bestreut, serviert.
Da diese Zubereitungsart in nur wenigen Haushalten möglich ist, wurden spezielle Raclette-Geräte, der Käsehalter und der Raclette-Grill entwickelt, die in den entsprechenden Fachgeschäften angeboten werden.

Für die Zubereitung mit dem Käsehalter

800 g Raclette-Käse im Stück oder Appenzeller, Emmentaler, Gomser waagerecht auf den Käsehalter legen, den Käsehalter so hoch schrauben, daß die obere Käseschicht etwa 2 cm unter dem Heizkörper liegt
sobald die Käseoberfläche zu schmelzen beginnt und eine goldgelbe Farbe annimmt, die geschmolzene Käseschicht mit der gewölbten Seite des Spezialmessers auf einen vorgewärmten Teller streichen, mit
geschrotetem Pfeffer bestreuen.

Für die Zubereitung im Raclette-Grill

800 g Raclette-Käse im Stück in 3–5 mm dicke Scheiben in der Größe der Raclette-Pfännchen schneiden
die Raclette-Pfännchen vor Gebrauch mit
etwas Speiseöl ausfetten, jeweils eine Scheibe Käse hineinlegen, nach Belieben
in Scheiben geschnittene Pellkartoffeln
Wurst- oder Schinkenscheiben
Zwiebelringe
Tomatenscheiben
frische Champignons darauf verteilen
oder die Zutaten nach Belieben in die Pfännchen geben, mit einer Scheibe Käse bedecken
die Pfännchen unter den Raclette-Grill schieben, schmelzen, bis der Käse zu fließen beginnt, mit
frisch gemahlenem Pfeffer bestreuen.

Tip Die heißen Raclette-Pfännchen immer auf einem Brettchen oder einem Teller abstellen.

RACLETTE
GRILL

Leckeres aus dem Fettbad

Hierbei handelt es sich um in Fett fritierte Speisen, für die der Fettopf ins Eßzimmer getragen wird. In den sechziger Jahren wurde zunächst Rinderfilet oder Roastbeef für das Burgunder Fondue oder Fondue bourguignonne in heißem Fett gegart. Heute gibt es die verschiedensten Varianten mit Fischen, Meeresfrüchten, Gemüsen und verschiedenen Fleischsorten. Vielleicht entwickeln Sie aus einem dieser Rezepte Ihr „Fondue Special".

Hackfleischfondue mit Knusperkruste

(Foto Seite 32/33)

200 g Schweinemett	zu kleinen Bällchen formen
1 Zwiebel	abziehen, fein hacken, mit
200 g Rinderhack	
1 Ei	
½ TL flüssiger Speisewürze	
1 EL gehackter Petersilie	
2–3 EL Semmelbröseln	zu einem festen Teig verkneten, mit
Salz	
frisch gemahlenem Pfeffer	würzen, kleine Bällchen daraus formen
200 g gehacktes Putenfleisch	mit
1 Ei,1 EL Kapern	
1 EL Schnittlauchröllchen	
2–3 EL Semmelbröseln	zu einem festen Teig verkneten, mit Salz, Pfeffer,
Worcestersoße	würzen, kleine Bällchen daraus formen
etwa 10 g Schweinekrusteln	zerdrücken, Schweinemettbällchen darin wälzen
etwa 10 g Paprikachips	zerdrücken, Rindfleischbällchen darin wälzen
etwa 10 g Erdnußflips	zerdrücken, Putenfleischbällchen darin wälzen
1–1½ l Pflanzenöl oder	
1–1½ kg Pflanzenfett,	
z.B. Biskin	in einem Fonduetopf erhitzen, der Topf sollte zur Hälfte mit dem Fett gefüllt sein, den Topf auf den Rechaud stellen, die Bällchen auf Fonduegabeln einzeln im heißen Fett fritieren.
Beigabe	Walnuß-Joghurt-Creme, Griechische Käsesoße, Gurkenrelish mit Senfkörnern, Rhabarber-Chutney.

Leber-Speck-Fondue

800 g Putenleber	unter fließendem, kaltem Wasser abspülen, trockentupfen, in etwa 1 cm große Stücke schneiden
2 EL Butter oder Margarine	zerlassen, die Leber darin etwa 10 Minuten bei schwacher Hitze braten, abkühlen lassen
400 g Frühstücksspeck	in sehr dünne Scheiben schneiden, die Leberstücke darin einwickeln, in Schälchen anrichten
1 l Pflanzenöl oder	
1 kg Pflanzenfett	in einem Fonduetopf erhitzen, den Topf auf den Rechaud stellen, die Leberröllchen auf Fonduegabeln spießen, im heißen Fett fritieren.
Beigabe	Weißbrot, gebackene Bananen, Chutney, Apfelspalten.

Fischfondue mit Gemüse

(Foto Seite 4/5)

	Für den Bierteig
200 g Weizenmehl	mit
1 EL Sojaöl	
125 ml (1/8 l) hellem Bier	
5 EL Milch	verrühren, nach und nach
2 Eier	
1/2 TL Salz	hinzufügen, den Teig etwa 30 Minuten zum Quellen stehenlassen
800 g Fischfilet	
(Merlan, Kabeljau)	unter fließendem, kaltem Wasser abspülen, trockentupfen, in 2–3 cm große Würfel schneiden
5 EL Sojaöl	mit dem
Saft von 1 Zitrone	verrühren, mit
4 EL Sojasoße	abschmecken, die Marinade über die Fleischwürfel gießen, etwa 30 Minuten durchziehen lassen
etwa 200 g Tiefseegarnelen	
(aus der Dose)	abtropfen lassen
200 g Blumenkohl	
200 g Broccoli	
	die beiden Zutaten von Blättern, schlechten Stellen und dem Strunk befreien, unter fließendem, kaltem Wasser waschen, in Röschen teilen, in
Salzwasser	geben, zum Kochen bringen, etwa 10 Minuten garen, herausnehmen, gut abtropfen lassen
200 g Möhren	putzen, dünn schälen, waschen, zunächst in etwa 4 cm lange Stücke schneiden, dann mit einem Gemüseschneider fein hobeln
200 g Kartoffeln	schälen, waschen, in hauchdünne Scheiben schneiden, die Kartoffelscheiben durch Salzwasser ziehen, damit sie nicht braun werden das Gemüse auf einer Platte anrichten
1 l Pflanzenöl, z.B. Biskin,	
oder 1 kg Pflanzenfett	in einem Fonduetopf erhitzen, den Topf auf den Rechaud stellen nach Belieben Fischfiletwürfel, Tiefseegarnelen oder Gemüse auf Fonduegabeln spießen, durch den Bierteig ziehen, im heißen Fett knusprig braun ausbacken.
Beigabe	Cashewsoße, Frische Kräutersoße, Grüner Melonensalat.

Gemischtes Fondue bourguignonne

(Foto Seite 37)

	Für die Marinade
2 EL Speiseöl	mit
2 EL Weinbrand	verrühren, mit
frisch gemahlenem Pfeffer	würzen
je 250 g Rinder- und Schweinefilet	
250 g ausgelöstes Lammkotelett	unter fließendem, kaltem Wasser abspülen, trockentupfen, das Fleisch in 2–3 cm große Würfel schneiden, in der Marinade wälzen, über Nacht durchziehen lassen
1–1½ l Pflanzenöl oder 1–1½ kg Pflanzenfett, z.B. Biskin	in einem Fonduetopf erhitzen, der Topf sollte zur Hälfte mit dem Fett gefüllt sein, den Topf auf den Rechaud stellen, die Fleischstücke trockentupfen, auf Fonduegabeln im heißen Fett fritieren, in die Soßen dippen.
Beigabe	Kräcker, Rote Paprikasoße, Black-Bean-Soße, Pesto.

Tatarenfondue

1 Zwiebel	abziehen, fein würfeln oder reiben, mit
400 g Beefsteakhack (Tatar)	
200 g Thüringer Mett	
1 Ei	
1 TL Semmelbröseln	
1 EL gehackter Petersilie	
Salz	
frisch gemahlenem Pfeffer	
Paprika edelsüß	zu einem geschmeidigen Teig verarbeiten aus der Masse walnußgroße Bällchen formen, in Schälchen anrichten
1 l Pflanzenöl oder 1 kg Pflanzenfett	in einem Fonduetopf erhitzen, den Topf auf den Rechaud stellen, die Fleischbällchen auf Fonduegabeln spießen, im heißen Fett fritieren.
Beigabe	Weißbrot, Graubrot, Gurkensoße, Chinasoße süß-scharf, Essiggemüse, Tomatencreme mit Oliven. Tomatenmayonnaise.

Kalbfleischfondue

800 g Kalbsschnitzel unter fließendem, kaltem Wasser abspülen, trockentupfen, in etwa 3 cm große Stücke schneiden, in Schälchen anrichten

1 l Pflanzenöl oder
1 kg Pflanzenfett in einem Fonduetopf erhitzen, den Topf auf den Rechaud stellen, das Fleisch auf Fonduegabeln spießen, im heißen Fett fritieren.

Beigabe Weißbrot, Eisbergsalat, Kaviarsahne, Aprikosensoße mit Curry, Walnuß-Joghurt-Creme, Cumberlandsoße.

Lammfondue

(Foto Seite 39)

Etwa 1 kg Lammkoteletts unter fließendem, kaltem Wasser abspülen, trockentupfen, von den Knochen lösen, das Fleisch in etwa 2 cm große Stücke schneiden, in Schälchen anrichten

1 l Pflanzenöl,
z.B. Biskin, oder
1 kg Pflanzenfett in einem Fonduetopf erhitzen, den Topf auf den Rechaud stellen, das Fleisch auf Fonduegabeln spießen, im heißen Fett fritieren, mit

Salz, frisch gemahlenem
schwarzem Pfeffer bestreuen.

Beigabe Weißbrot bestrichen mit Knoblauchbutter, Tomatenmayonnaise, Aprikosensoße mit Curry, Rohe Tomatensoße, Senfsoße mit Mandeln und Oliven, Essiggemüse.

Schweinefondue

800 g Schweinefilet unter fließendem, kaltem Wasser abspülen, trockentupfen, evtl. enthäuten, in sehr dünne Scheiben schneiden

1 EL Senf mit

1 EL Currypulver
1 EL Sojasoße verrühren, die Fleischscheiben darin wenden, etwa 1 Stunde stehenlassen, trockentupfen, auf Tellern anrichten

1 l Pflanzenöl oder
1 kg Pflanzenfett in einem Fonduetopf erhitzen, den Topf auf den Rechaud stellen, das Fleisch auf Fonduegabeln spießen, im heißen Fett fritieren.

Beigabe Weißbrot, Senffrüchte, Chinasoße süß-scharf, Bunte Maiscreme, Senfsoße mit Mandeln und Oliven.

Fondue bourguignonne

(Foto Seite 41)

800 g Rinderfilet oder Roastbeef unter fließendem, kaltem Wasser abspülen, trockentupfen, evtl. enthäuten, in etwa 3 cm große Stücke schneiden, in Schälchen anrichten

1 l Pflanzenöl oder 1 kg Pflanzenfett, z.B. Biskin in einem Fonduetopf erhitzen, den Topf auf den Rechaud stellen, das Fleisch auf Fonduegabeln spießen, im heißen Fett fritieren, mit

Salz
frisch gemahlenem Pfeffer bestreuen.

Beigabe Weißbrot, Mixed Pickles, Radieschensalat, Chinasoße süß-scharf, Rote Paprikasoße, Tomatencreme mit Oliven.

Meeresfondue

400 g Heilbuttfilet unter fließendem, kaltem Wasser abspülen, trockentupfen, in etwa 3 cm große Stücke schneiden

150 g tiefgekühlte Shrimps bei Zimmertemperatur auftauen lassen
Heilbutt und Shrimps mit dem

Saft von 1 Zitrone beträufeln, etwa 15 Minuten stehenlassen, trockentupfen

250 g jungen Spinat putzen, waschen, kurz mit

kochendheißem Wasser übergießen, trockentupfen, in jedes Spinatblatt ein Stück Heilbutt und einige Shrimps einwickeln, auf Holz oder Metallspieße stecken, auf Platten anrichten

1 l Pflanzenöl oder 1 kg Pflanzenfett in einem Fonduetopf erhitzen, den Topf auf den Rechaud stellen, die Fischspieße im heißen Fett fritieren.

Beigabe Körnig gekochter Reis oder Weißbrot, Eisbergsalat, Ketchupsahne, Grüne Soße.

Försterfondue

1 kg Wildfleisch (z. B. Reh, Hirsch oder Hase, Keule oder Rücken) unter fließendem, kaltem Wasser abspülen, trockentupfen, enthäuten, in etwa 3 cm große Stücke schneiden, in Schälchen anrichten

(Fortsetzung Seite 42)

1 l Pflanzenöl oder	
1 kg Pflanzenfett	in einem Fonduetopf erhitzen, den Topf auf den Rechaud stellen, das Fleisch auf Fonduegabeln spießen, im heißen Fett fritieren, mit
Salz, frisch gemahlenem schwarzem Pfeffer	bestreuen.
Beigabe	Cumberlandsoße, Apfelsoße mit Senf, Preiselbeersahne, Roquefortcreme, halbe Kompott-Äpfel oder -Birnen mit Preiselbeeren gefüllt, Weißbrot.

Wurstfondue

300 g feine rohe Bratwürste	
300 g Nürnberger Bratwürste	beide Zutaten etwa 10 Minuten in
kochendheißem Wasser	ziehen lassen, abkühlen lassen
300 g Jagdwurst	
	alle Würste enthäuten, in etwa 2 cm große Stücke schneiden, in Schälchen anrichten
1 l Pflanzenöl, z. B. Biskin, oder 1 kg Pflanzenfett	in einem Fonduetopf erhitzen, den Topf auf den Rechaud stellen, die Wurst auf Fonduegabeln spießen, im heißen Fett fritieren.
Beigabe	Graubrot, Cornichons, Oliven, Silberzwiebeln, Tomatencreme mit Oliven, Mixed-Pickles-Vinaigrette, Apfelsoße mit Senf.

Koreanische Pute

800 g Putenbrustfilet	unter fließendem, kaltem Wasser abspülen, trockentupfen, in sehr dünne Scheiben schneiden
2 Knoblauchzehen	abziehen, in Scheiben schneiden, mit
1 EL Zucker	bestreuen, mit einer Gabel zerdrücken
2 Zwiebeln	abziehen, fein würfeln oder reiben, mit dem Knoblauch
1 EL Speisestärke Gustin	
5 EL Pflanzenöl	
4 EL Sojasoße	
etwas Salz	verrühren, das Fleisch darin wenden, etwa 1 Stunde stehenlassen, trockentupfen, in Schälchen anrichten
1 l Pflanzenöl oder	
1 kg Pflanzenfett	in einem Fonduetopf erhitzen, den Topf auf den Rechaud stellen das Fleisch auf Fonduegabeln spießen, im heißen Fett fritieren.
Beigabe	Weißbrot oder körnig gekochter Reis, Grüner Melonensalat.

Leberfondue

300 g Hühnerleber
300 g Putenleber
300 g Kalbsleber
die Leber unter fließendem, kaltem Wasser abspülen, trockentupfen, von Haut und Sehnen befreien, in nicht zu kleine Stücke schneiden, auf einer großen Platte anrichten oder in Portionen auf Tellern anrichten

1 l Pflanzenöl, z. B. Biskin, oder 1 kg Pflanzenfett in einem Fonduetopf erhitzen, den Topf auf den Rechaud stellen, die Leber auf Fonduegabeln spießen, im heißen Fett fritieren.

Beigabe Orangen- und Mandarinenspalten, Ananasstücke (aus der Dose), Perlzwiebeln, Senffrüchte, Chutneys, Apfelmus.

Fischstäbchen-Fondue

900 g tiefgekühlte Fischstäbchen bei Zimmertemperatur auftauen lassen, jedes Stäbchen einmal durchschneiden, in Schälchen anrichten

1 l Pflanzenöl oder 1 kg Pflanzenfett in einem Fonduetopf erhitzen, den Topf auf den Rechaud stellen, die Fischstäbchen auf Fonduegabeln spießen, im heißen Fett fritieren.

Beigabe Weißbrot, Eisbergsalat, Currysahne, Meerrettichsahne, Grüne Soße, Mixed-Pickles-Vinaigrette, Aioli, Walnuß-Joghurt-Creme, Aprikosensoße mit Curry.

Kartoffelfondue

1 kg geschälte, rund ausgestochene Kartoffeln in
kochendes Salzwasser geben, zum Kochen bringen, in etwa 15 Minuten fast gar kochen, abtropfen lassen, auf einer Platte anrichten

1 l Pflanzenöl oder 1 kg Pflanzenfett auf der Kochstelle erhitzen, in einen Fonduetopf umfüllen, den Topf auf den Rechaud stellen
die Kartoffelkugeln auf Fonduegabeln spießen, in das Fett tauchen, bräunen lassen.

Beigabe Endivien-Apfel-Salat, Kaviarsahne, Rote Paprikasoße, Grüne Soße, Weiße Zwiebelsoße, Senfsoße mit Mandeln und Oliven.

Fleischklößchen auf syrische Art

(Foto Seite 45)

750 g Lammfleisch	unter fließendem, kaltem Wasser abspülen, trockentupfen, von Fett und Haut befreien, mit
250 g gekochten Möhren	durch die feine Scheibe des Fleischwolfs geben
1–2 Knoblauchzehen	abziehen, zerdrücken, mit
150 g gekochtem Reis (50 g Rohware)	
2 Eiern	zu der Fleischmasse geben, vermengen, mit
Salz	
frisch gemahlenem Pfeffer	
Currypulver	würzen, die Masse gut vermengen aus dem Fleischteig etwa 50 walnußgroße Klößchen formen, die Hälfte in
etwa 10 EL Sesamsamen	wälzen
1 l Pflanzenöl oder 1 kg Pflanzenfett, z.B. Biskin	in einem Fonduetopf erhitzen, den Topf auf den Rechaud stellen, die Klößchen portionsweise etwa 5 Minuten backen, auf Haushaltspapier abtropfen lassen, heiß servieren.
Beigabe	Fladenbrot, Mixed Pickles, Aprikosensoße mit Curry, Chinasoße süß-scharf, Cashewsoße, Walnuß-Joghurt-Creme.

Schwedische Köttbullar

100 g Semmelbrösel	mit
250 ml (¼ l) Milch oder je 125 ml (⅛ l) Wasser und Schlagsahne	anrühren, etwa ½ Stunde ausquellen lassen
400 g Gehacktes (halb Rind-, halb Schweinefleisch)	mit den Semmelbröseln,
1 EL geriebener Zwiebel	
1½ TL Salz, 1 Messerspitze frisch gemahlenem Pfeffer	
1 Ei	zu einer geschmeidigen Masse verarbeiten, aus der Masse walnußgroße Bällchen formen, auf einer Platte anrichten
1 l Pflanzenöl oder 1 kg Pflanzenfett	in einem Fonduetopf erhitzen, den Topf auf den Rechaud stellen, die Fleischbällchen auf Fonduegabeln spießen, im heißen Fett fritieren.
Beigabe	Fladenbrot, Mixed Pickles, Aprikosensoße mit Curry, Chinasoße süß-scharf, Cashewsoße, Walnuß-Joghurt-Creme.

Gemüse im Bierteig

(Foto Seite 47)

1½ kg frisches zartes	
Gemüse der Saison	vorbereiten
Möhren	putzen, dünn schälen
Blumenkohl	
Broccoli	putzen, in Röschen teilen, von
kleinen Zucchini	und
Zuckererbsen	die Enden abschneiden, Zucchini in Scheiben schneiden die Zutaten waschen, in
Salzwasser	zum Kochen bringen, in 5–10 Minuten fast gar kochen, abtropfen lassen, trockentupfen, auf einer Platte anrichten
Champignons	putzen, in Scheiben schneiden
Spinat-, Sellerie-, Kohlrabi-, Rote Bete-, Salbeiblätter	
	die Zutaten waschen, trockentupfen, mit dem übrigen Gemüse anrichten
	für den Bierteig
200 g Weizenmehl	sieben, mit
2 Eiern,	
2 Eigelb	
250 ml (¼ l) Bier	
1 TL Salz	verrühren, 1 Stunden quellen lassen
2 Eiweiß	steif schlagen, unterheben
1–1½ l Pflanzenöl, z. B. Biskin, oder	
1–1½ kg Pflanzenfett	in einem Fonduetopf auf dem Herd erhitzen, der Topf sollte zur Hälfte mit Fett gefüllt sein, den Topf auf den Rechaud stellen, das Gemüse auf Fonduegabeln spießen, in den Bierteig, dann in das heiße Fett tauchen, goldbraun fritieren Kräuter und Blätter in den Bierteig tauchen, fritieren.
Beigabe	Cashewsoße, Pikanter Weinchaudeau, Frische Kräutersoße.

Schollenfondue

1 kg Schollenfilet	unter fließendem, kaltem Wasser abspülen, trockentupfen, in Stücke schneiden, mit dem
Saft von 2 Zitronen	beträufeln, etwa 15 Minuten stehenlassen, trockentupfen, in Schälchen anrichten
2 EL Weizenmehl	mit
4 Eiweiß	
2 TL Salz	
2 TL Paprika edelsüß	
1 TL frisch gemahlenem weißem Pfeffer	verrühren
1 l Pflanzenöl oder 1 kg Pflanzenfett, z. B. Biskin	in einem Fonduetopf erhitzen, den Topf auf den Rechaud stellen lassen, den Fisch auf Fonduegabeln spießen, durch die Soße ziehen, im heißen Fett fritieren.
Beigabe	Körnig gekochter Reis oder Kartoffeln, Weißbrot, Feldsalat Düsseldorf, Eisbergsalat, Senfsoße mit Mandeln und Oliven, Grüne Soße.
Veränderung	Den Fisch unpaniert garen lassen.

Camembertfondue

(Foto Seite 49)

800 g deutschen Camembert	in 2–3 cm große Stücke schneiden, zuerst in
Weizenmehl	dann in
2 verschlagenen Eiern	und zuletzt in
Semmelbröseln	wenden, auf einer Platte anrichten, den Käse etwa 1 Stunde kühl stellen
1 l Pflanzenöl oder 1 kg Pflanzenfett	in einem Fonduetopf erhitzen, den Topf auf den Rechaud stellen, die Käsestücke in chinesische Metallsiebchen legen, im heißen Fett fritieren.
Beigabe	Stangenweißbrot, dicke saure Sahne, Preiselbeerkompott, Feldsalat Düsseldorf.

Schlanke Fondues

Diese Fondues versprechen unbeschwertes Schlemmen, weil mageres Fleisch, Fisch und Meeresfrüchte in würzige Brühe oder auch in Wein getaucht werden. Die Zubereitungsart stammt aus dem alten China. Die Chinesen verwendeten dafür ihre Feuertöpfe, die in der Mitte einen Schornstein haben, in dem die Flammen hochschlagen, und die Brühe nicht nur von unten, sondern auch von der Mitte her beheizen. Die Zutaten für diese Fondues müssen meistens fein geschnitten werden. Fleisch lassen Sie vom Fleischer mit Hilfe seiner Aufschnittmaschine dünn aufschneiden. Oder Sie legen es so lange ins Gefrierfach, bis es fest, aber noch nicht hart geworden ist. Danach läßt es sich leicht in feinste Scheiben schneiden. Das Finale aller schlanken Fondues ist besonders köstlich. Eine kräftige Brühe, die in Tassen geschöpft wird und daraus genußvoll geschlürft werden darf.

Chinafondue

(Foto Seite 50/51)

600 g Schweinefilet	unter fließendem, kaltem Wasser abspülen, trockentupfen, in dünne Scheiben schneiden
2 Knoblauchzehen	abziehen, in Scheiben schneiden, mit
½ TL Salz	bestreuen, unter einer Messerschneide zerdrücken, mit
3 EL Sojasoße	
1 EL Zucker	verrühren, das Fleisch darin wenden, etwa 30 Minuten stehen lassen
25 g Chinapilze	etwa 30 Minuten in
kaltem Wasser	einweichen, abtropfen lassen, die harten Stiele abschneiden, große Pilze halbieren
75 g Königskrabben	
75 g Shrimps	unter fließendem, kaltem Wasser abspülen, abtropfen lassen Fleisch, Pilze, Krabben und Shrimps in Schälchen anrichten
1 l Fleischbrühe	in einem Fonduetopf erhitzen
3 EL trockenen Sherry	hinzufügen, auf dem Rechaud köcheln lassen Fleisch, Krabben und Pilze portionsweise in kleine Siebkellen füllen oder abwechselnd auf Fonduegabeln spießen, in der Brühe garen lassen.
Beigabe	Körnig gekochter Reis, Weißbrot, Eisbergsalat, Endivien-Apfel-Salat, Chinasoße süß-scharf, Mangosoße, Cashewsoße, Hot Ketchup, Sambal Oelek, Schnittlauchringe.

Feuertopf Gisela

200 g Schweinefilet	
200 g Rinderfilet	
200 g Hähnchenbrustfilet	
	die 3 Zutaten unter fließendem, kaltem Wasser abspülen, trockentupfen, in feine Streifen schneiden
200 g tiefgekühlte Shrimps	bei Zimmertemperatur auftauen lassen
200 g Champignons	putzen, waschen, in
Essigwasser	
(1 l Wasser, 5 EL Essig)	aufkochen, etwa 5 Minuten darin ziehen lassen
2 Möhren	dünn schälen, waschen, in dünne Scheiben schneiden
halbgare Blumenkohlröschen	
etwa 50 g jungen Spinat	putzen, waschen, abtropfen lassen die Zutaten in Schälchen anrichten

1 l Hühnerbrühe	in einem Fonduetopf aufkochen lassen
2 EL Speisestärke Gustin	mit
4 EL trockenem Sherry	anrühren, die Brühe damit binden, auf dem Rechaud köcheln lassen
	die Zutaten auf Fonduegabeln spießen, in der Brühe garen lassen
4 Eier	mit
4 EL Sojasoße	verrühren, in 4 Schälchen verteilen, die gegarten Zutaten hineintauchen.
Beigabe	Körnig gekochter Reis, Weißbrot.

Muschelfondue

4 kg Miesmuscheln	in reichlich kaltes Wasser geben, einige Stunden darin liegenlassen, das Wasser ab und zu erneuern, die Muscheln anschließend gründlich bürsten, Bartbüschel entfernen, so lange abspülen, bis das Wasser vollkommen klar bleibt (Muscheln, die sich beim Wässern und anschließendem Bürsten öffnen, sind ungenießbar, nur Muscheln, die geschlossen bleiben, sind verwendbar)
	in einem großen Topf
1 l Salzwasser	zum Kochen bringen, die Muscheln hineingeben, unter Rühren so lange darin erhitzen, bis sie sich öffnen (Muscheln, die sich nach dem Garen nicht öffnen, sind ungenießbar)
	das Muschelfleisch aus den Schalen lösen, in Schälchen anrichten
2 Zwiebeln	
1 Knoblauchzehe	
	beide Zutaten abziehen, fein würfeln
200 g Sellerieknolle	schälen, waschen
2 Möhren	dünn schälen, waschen, beide Zutaten in sehr feine Würfel schneiden
125 ml (1/8 l) Pflanzenöl	erhitzen, Zwiebeln und Knoblauch darin hellgelb dünsten lassen, das Gemüse hinzufügen, durchdünsten lassen
500 ml (1/2 l) trockenen Weißwein	hinzugießen, aufkochen lassen, den Sud mit
Salz	
frisch gemahlenem Pfeffer	würzen, in einen Fonduetopf umfüllen, auf dem Rechaud köcheln lassen
	die Muscheln auf Fonduegabeln spießen, im Sud erhitzen, mit etwas von dem Gemüse verzehren.
Beigabe	Graubrot oder dunkles Vollkornbrot.

Kasselerfondue

(Foto Seite 55)

500 g Kasseler Rippenspeer (ohne Knochen)	unter fließendem, kaltem Wasser abspülen, trockentupfen, in sehr dünne Scheiben schneiden, etwa 30 Minuten in
250 ml (1/4 l) kalten Weißwein	legen, abgießen, trockentupfen, den Wein beiseitestellen
500 g Zwiebeln	abziehen, in Ringe schneiden
550 g Ananasscheiben (aus der Dose)	abtropfen lassen, in etwa 3 cm große Stücke schneiden, Fleisch, die Hälfte der Zwiebeln und Ananas in Schälchen anrichten
3 EL Butter oder Margarine	zerlassen, die restlichen Zwiebeln darin glasig dünsten lassen, den Weißwein,
750 ml (3/4 l) Wasser	hinzugießen, zum Kochen bringen, etwa 1 Stunde kochen lassen, mit
Fleischextrakt	abschmecken, die Brühe durch ein Sieb in einen Fonduetopf gießen, auf dem Rechaud köcheln lassen Fleisch, Zwiebeln, Ananas abwechselnd auf Fonduegabeln spießen, in der Brühe garen lassen.
Beigabe	Weißbrot, Eisbergsalat, Cumberlandsoße, Rohe Tomatensoße.

Garnelen in Dillsud

500 ml (1/2 l) trockenen Weißwein	mit
3 EL Dillspitzen	zum Kochen bringen
2 Zwiebeln	abziehen, würfeln, etwa 10 Minuten in dem Weinsud kochen lassen, den Sud durch ein Sieb in den Fonduetopf gießen, mit
Salz, Zucker	würzen
3–4 EL mittelscharfen Senf	
2–3 EL Butter oder Margarine	hinzufügen, verschlagen, den Fonduetopf auf den Rechaud stellen, den Weinsud köcheln lassen
600 g Tiefseegarnelen (frisch, tiefgekühlt oder aus der Dose)	in kleinen Portionen in dem Weinsud erhitzen, mit einer kleinen Siebkelle herausnehmen, mit etwas von dem Sud verzehren.
Beigabe	Weißbrot, Frische Kräutersoße, Kaviarsahne, Meerrettichsahne.

Chinesisches Fondue mit Geflügel und Gemüse

(Foto Seite 57)

1½ l kräftige Hühnerbrühe	in einem Fonduetopf aufkochen, auf einen Rechaud stellen, köcheln lassen
je 300 g Hühnerbrust, Puten- und Entenfleisch	unter fließendem, kaltem Wasser abspülen, trockentupfen, quer zur Faser in 3–5 mm dünne Scheiben schneiden, auf einer Platte anrichten, von
250 g Zuckererbsen	die Enden abschneiden, die Schoten waschen, abtropfen lassen
250 g Frühlingszwiebeln	putzen, die Knollen evtl. abziehen, die Frühlingszwiebeln waschen, nach Wunsch in dünne Ringe schneiden
250 g Sojakeimlinge	waschen, abtropfen lassen
250 g Chinakohl	putzen, in Streifen schneiden, waschen, abtropfen lassen
200 g Bambussprossen (aus der Dose)	abtropfen lassen, in Scheiben schneiden
200 g Wasserkastanien (aus der Dose)	abtropfen lassen die Zutaten auf einer Platte anrichten
100 g Glasnudeln	mit kochendem Wasser übergießen, etwa 30 Minuten einweichen, das kleingeschnittene Gemüse im Sieb, Fleisch und große Gemüsestückchen auf Holzspießchen in die Brühe halten, das rohe Gemüse benötigt einige Minuten zum Garen, das gare Gemüse muß nur erhitzt werden, zum Schluß die Glasnudeln in die Brühe geben, in kleinen Suppentassen servieren.
Beigabe	Soja-Pilz-Soße, Pflaumensoße, Kasselersoße mit Krabben, Gedünstete Zwiebelsoße.

Tomaten-Fleisch-Fondue

1 kg Fleischtomaten	unter fließendem, kaltem Wasser trockentupfen, grob zerkleinern
3 EL Pflanzenöl, z. B. Biskin	erhitzen
3 abgezogene, gewürfelte Zwiebeln	darin goldgelb dünsten lassen
1 EL Zucker	darüber streuen, mitdünsten lassen, die Tomaten
500 ml (½ l) Salzwasser	
1 TL Oregano	

(Fortsetzung Seite 58)

frisch gemahlenen Pfeffer	
etwas Knoblauchpulver	hinzufügen, zum Kochen bringen, etwa 20 Minuten kochen lassen, die Flüssigkeit durch ein Sieb in einen Fonduetopf gießen, mit
Fleischextrakt	abschmecken, auf dem Rechaud köcheln lassen
800 g Schweineschnitzel	unter fließendem, kaltem Wasser abspülen, trockentupfen, in sehr dünne Scheiben schneiden, auf Fonduegabeln spießen, in der Brühe garen lassen, mit etwas von der Brühe verzehren.
Beigabe	Helles Graubrot, Kopfsalat, geriebener Käse.

Meeresfrüchtefondue

(Foto Seite 59)

1–1¼ kg küchenfertige Meeresfrüchte, z. B. Filets von festfleischigen Fischen (Rotbarsch, Heilbutt, Lachs, Forelle)	unter fließendem, kaltem Wasser abspülen, trockentupfen, in etwa 2 cm große Stücke schneiden
Garnelen	schälen, die Därme entfernen
Miesmuscheln	gründlich waschen, im geschlossenen Topf in
Weißwein	etwa 5 Minuten dünsten, bis die Schalen sich öffnen, Muschelfleisch aus den Schalen nehmen, die Meeresfrüchte auf einer Platte anrichten
1 Zitrone (unbehandelt)	waschen, abtrocknen, die Schalen abraspeln die Zitrone auspressen
1 Zwiebel	abziehen, würfeln
2–3 Bund Petersilie	waschen, die Blätter von den Stengeln zupfen
1 große Möhre	putzen, dünn schälen, waschen, in Scheiben schneiden
1 Porreestange	putzen, in Scheiben schneiden, gründlich waschen alle Zutaten mit
1¼ l Hühnerbrühe	
250 ml (¼ l) Weißwein	verrühren
1 Lorbeerblatt	
10 Pfefferkörner	
1 Stengel Thymian, Salz	hinzufügen, zum Kochen bringen, etwa 30 Minuten köcheln lassen, durch ein Sieb gießen, in einen Fonduetopf geben, auf dem Herd zum Kochen bringen, auf den Rechaud stellen, nur garen lassen, Meeresfrüchte auf Fonduegabeln spießen und kurz garen lassen.
Beigabe	Kräcker, Rohe Tomatensoße, Puten-Thunfisch-Soße, Aioli.

Fondue modern

800 g Rindfleisch (aus der Keule geschnitten)	unter fließendem, kaltem Wasser abspülen, trockentupfen, in dünne Scheiben schneiden
2 EL Pflanzenöl	mit
2 EL Sojasoße	
4 EL trockenem Sherry	verrühren, das Fleisch darin wenden, etwa 3 Stunden stehenlassen, in Schälchen anrichten
2 EL Butter oder Margarine	zerlassen
2 abgezogene, gewürfelte Zwiebeln	
1 abgezogene, gewürfelte Knoblauchzehe	darin glasig dünsten lassen
750 ml (¾ l) Hühnerbrühe	
250 ml (¼ l) trockenen Weißwein	hinzugießen, zum Kochen bringen, etwa 10 Minuten kochen lassen, durch ein Sieb in einen Fonduetopf gießen, auf dem Rechaud köcheln lassen, das Fleisch auf Fonduegabeln spießen, in der Brühe garen lassen.
Beigabe	Weißbrot, Cornichons, Apfel-Feigen-Chutney, Rohe Tomaten-Soße, Preiselbeersahne.

Shrimpsfondue

(Foto Seite 61)

500 g tiefgekühlte Shrimps	bei Zimmertemperatur auftauen lassen, in Schälchen anrichten, die entstandene Flüssigkeit mit
125 ml (⅛ l) trockenem Weißwein	
2 Würfeln Krebssuppe (für 500 ml Flüssigkeit)	
375 ml (⅜ l) Wasser	in einem Fonduetopf zum Kochen bringen
250 ml (¼ l) Schlagsahne	hinzugießen, mit
Cayennepfeffer	
Salz	abschmecken, auf dem Rechaud köcheln lassen die Shrimps auf Fonduegabeln spießen, in der Brühe erhitzen, mit etwas von der Brühe verzehren.
Beigabe	Weißbrot, Kressesalat, Eisbergsalat, Blumenkohlröschen, Artischockenherzen.

Fondue fernöstlich

2 EL Pflanzenöl	erhitzen
2 abgezogene, gewürfelte Zwiebeln	darin goldgelb dünsten lassen
1½ l Salzwasser	hinzugießen
500 g Roastbeefknochen	
2 Markknochen	beide Zutaten waschen, in das Salzwasser geben
2 Pfefferschoten	längs halbieren, entkernen, waschen, mit
1 abgezogenen Knoblauchzehe	zu den Knochen geben
2 Sternanis	
2 Stangen Zimt	hinzufügen, zum Kochen bringen, etwa 2 Stunden kochen lassen, durch ein Sieb in einen Fonduetopf gießen, auf dem Rechaud köcheln lassen
2 Frühlingszwiebeln	abziehen, in Ringe schneiden, in die Brühe geben
800 g Rinderfilet	waschen, trockentupfen, in dünne Scheiben schneiden, in Schälchen anrichten das Fleisch auf Fonduegabeln spießen, in der Brühe garen lassen, mit etwas von der Brühe verzehren.
Beigabe	Weißbrot, Kaviarsahne, Senfsoße mit Mandeln und Oliven.

Fondue maritime

(für 6 Personen)

500 g Schollenfilets	unter fließendem, kaltem Wasser abspülen, trockentupfen, längs halbieren, so daß 5–6 cm lange Streifen entstehen, mit dem
Saft von 1 Zitrone	beträufeln, etwa 30 Minuten stehen lassen, trockentupfen, aufrollen
etwa 200 g tiefgekühlte Shrimps	bei Zimmertemperatur auftauen, abtropfen lassen die Zutaten in Schälchen anrichten
750 ml (¾ l) Hühnerbrühe	
250 ml (¼ l) Weißwein	in einen Fonduetopf gießen, mit
1 EL Sojasoße	
2 EL trockenem Sherry	
½ TL Chilisoße	würzen, auf dem Rechaud köcheln lassen, die Zutaten auf Fonduegabeln spießen, in der Brühe garen lassen.
Beigabe	Weißbrot, Senfsoße mit Mandeln und Oliven, Weiße Zwiebelsoße, Preiselbeersahne, Kaviarsahne.

Friesisches Fondue

Etwa 800 g gepökelte Rinderbrust	von den Knochen lösen, evtl. Fett abschneiden Fleisch und Knochen unter fließendem, kaltem Wasser abspülen, das Fleisch trockentupfen, in dünne Scheiben schneiden, in Schälchen anrichten Knochen und Fett mit
1 Lorbeerblatt	
4 Nelken	in
1 l Salzwasser	geben, aufkochen lassen, abschäumen
1 Bund Suppengrün	putzen, waschen, kleinschneiden, mit
1 abgezogenen, geviertelten Zwiebel	zu den Knochen geben, zum Kochen bringen, etwa 1 Stunde kochen lassen, Brühe durch ein Sieb in einen Fonduetopf gießen, mit
Fleischextrakt	abschmecken, auf dem Rechaud köcheln lassen das Fleisch auf Fonduegabeln spießen, in der Brühe garen lassen.
Beigabe	Salzkartoffeln oder helles Graubrot, Meerrettichsahne, Essigzwetschen, Kürbis, Senfgurken, Apfelmus, Rote Bete, Senfsoße mit Mandeln und Oliven.

Fleischfondue in Brühe

(Foto Seite 8/9)

1 Bund Suppengrün	putzen, waschen, grob zerkleinern
500 g Rindfleisch (Beinscheibe)	
3–4 zerkleinerte Rinderknochen	
2 Rindermarkknochen	
	die Zutaten unter fließendem, kaltem Wasser abspülen, mit dem Suppengrün in
1½ l Salzwasser	geben
5 weiße Pfefferkörner	dazugeben, das Wasser langsam zum Kochen bringen, abschäumen, etwa 2 Stunden bei mittlerer Hitze kochen lassen (ab und zu evtl. nochmals abschäumen) die Brühe durch ein Sieb in einen Fonduetopf gießen, nochmals kräftig mit Salz,
frisch gemahlenem Pfeffer	abschmecken

(Fortsetzung Seite 64)

250 g Hähnchenleber
300 g Schweineschnitzel
300 g Rindfleisch (Schulter)

das Fleisch unter fließendem, kaltem Wasser abspülen, trockentupfen, evtl. die Sehnen der Hähnchenleber entfernen, die Fleischteile in etwa 2 cm große Würfel schneiden, auf einer Platte anrichten
nach Belieben 1–2 Fleischwürfel auf Fondueqabeln spießen, in der Brühe garen lassen.

Beigabe Apfel-Feigen-Chutney, Aprikosensoße mit Curry, Apfelsoße süß-sauer.

Tip Nicht zuviel Fleisch auf einmal garen, da die Brühe sonst zu schnell abkühlt.

Würstchen in würzigem Rotweinsud

(Foto Seite 65)

600 ml Rotwein mit
900 ml Wasser verrühren
1 EL Fleischextrakt
1 Stange Zimt
1 EL gelbe Senfkörner
6 Pimentkörner
10 Pfefferkörner
1 Nelke
1 Lorbeerblatt hinzufügen
1 Zitrone (unbehandelt) waschen, die Schale dünn mit dem Sparschäler abschälen, in den Sud geben
1 Zwiebel
1 Knoblauchzehe

beide Zutaten abziehen, in Scheiben schneiden, in den Sud geben, zum Kochen bringen, abkühlen lassen, durch ein Sieb geben, auf dem Herd erhitzen, auf den Rechaud stellen

250 g Mini-Salami in etwa 5 mm dünne Scheiben schneiden
250 g Kasseler unter fließendem, kaltem Wasser abspülen, trockentupfen, in etwa 2 cm große Würfel schneiden
250 g Wiener Würstchen
250 g Nürnberger Rostbratwürstchen in Scheiben schneiden

die Zutaten auf einer Platte anrichten, Wurststückchen 2–4 Minuten, Kasseler etwa 4 Minuten in kochendem Sud garen.

Beigabe Salzgurken, Kräcker, Brot, Senfsoße mit Mandeln und Oliven, Bunte Maiscreme, Mixed-Pickles-Vinaigrette.

Chinesische Vielfalt

(Foto Seite 67)

125 g Schweinefilet	
125 g Rinderfilet	
125 g Kalbssteak	
125 g Kalbsleber	
	das Fleisch unter fließendem, kaltem Wasser abspülen, trockentupfen, kurze Zeit in das Gefrierfach des Kühlschranks legen
	sobald das Fleisch leicht angefroren ist, das Fleisch in sehr feine Scheiben schneiden
1 Chicoréestaude	von schlechten Blättern befreien, den Strunk keilförmig herausschneiden, den Chicorée waschen, vorsichtig die einzelnen Blätter ablösen, größere Blätter evtl. nochmals zerteilen
200 g Möhren	putzen, dünn schälen, waschen, in feine Scheiben schneiden
200 g Staudensellerie	putzen, waschen, in kleine Stücke schneiden
1½ l Fleischbrühe	in einem Fonduetopf erhitzen
2 EL Sherry	hinzufügen, den Topf auf dem Rechaud köcheln lassen
	nach Belieben Fleisch und Gemüse auf Fonduegabeln spießen, in der Brühe garen lassen
pro Person	
1 Eigelb	
1 EL geriebenen Meerrettich	
2 EL Sojasoße	
	für jede Person ein kleines Schälchen bereitstellen, jeweils 1 Eigelb, etwas Meerrettich und Sojasoße hineingeben, gut verrühren, die gegarten Zutaten hineintauchen.
Beigabe	Gekochter Reis.

Die besten Fonduesoßen

Soßen sind die Highlights bei Fondues mit Fisch und Fleisch. Ohne Soßen verlieren die Fondues viel von ihrer Farbigkeit und Vielfältigkeit. Es lohnt sich also, sie sorgfältig auszusuchen, anzurühren, abzuschmecken. Sechs Soßen sollten es mindestens sein, wobei auch ein oder zwei fertige Soßen darunter sein dürfen. Doch auch Exoten wie Chutneys oder Relishes sollten Sie ruhig einmal selbst zubereiten – vielleicht finden Sie Gefallen an dieser würzigen Geschmacksrichtung. Viele Soßen können Sie schon am Vortag zubereiten und anschließend gut verschlossen im Kühlschrank aufbewahren. Die Auswahl an Soßen, die Sie anbieten, sollte möglichst vielfältig sein, z. B. je eine milde und eine scharfe, eine saure und eine süß-saure, eine leichte und eine üppige.

Aprikosensoße mit Curry

(Foto Seite 68/69)

100 g Aprikosenkonfitüre	glattrühren, mit
100 g Mayonnaise	
1–2 TL Currypulver	verrühren.

Teufelsoße

(Foto Seite 71)

2 hartgekochte Eier	pellen, das Eigelb durch ein Sieb streichen, nach und nach
Salz	
2 EL Salatöl	
1 EL Senf	
1 TL Essig-Essenz (25%)	
1 TL Zwiebelwürfel	
frisch gemahlenen Pfeffer	
Zucker	
1 TL gehackten Estragon	
1 EL geriebenen Apfel	
3 EL Rotwein	
½ TL Tabascosoße	unterrühren, nach Belieben nochmals mit den Gewürzen abschmecken.
Veränderung	Die Soße mit geschnittenem Schnittlauch bestreuen.

Tomatenmayonnaise

2 EL Olivenöl	erhitzen
2 abgezogene, feingewürfelte Zwiebeln	darin glasig dünsten lassen
3 EL Tomatenmark	hinzufügen, etwa 1 Minute mitdünsten, abkühlen lassen, mit
125 g Mayonnaise	
1 TL Paprika edelsüß	
1 Spritzer Tabascosoße	verrühren, mit
Salz	
Zucker	abschmecken.

Walnuß-Joghurt-Creme

(Foto Seite 30/31)

80 g Walnußkerne	sehr fein hacken, mit
175 g Joghurt (10%)	
5 EL Walnußöl	
1 abgezogenen, zerdrückten Knoblauchzehe	zu einer sämigen Soße verrühren, mit
Salz	
frisch gemahlenem Pfeffer	würzen, kalt stellen.

Griechische Käsesoße

(Foto Seite 32/33)

100 g Schafskäse	mit einer Gabel zerdrücken, mit
200 ml Sahnedickmilch	vermengen, im Mixer pürieren
1 Knoblauchzehe	abziehen, zerdrücken
10 schwarze Oliven	entkernen, fein hacken
1 Frühlingszwiebel	putzen, waschen, in Ringe schneiden
	die drei Zutaten unter die Soße rühren, mit
Salz	
frisch gemahlenem Pfeffer	würzen, kalt stellen.

Grüne Soße

100 g Mayonnaise	mit
125 g Vollmilchjoghurt	
1 kleinen, abgezogenen, geriebenen Zwiebel	
1 hartgekochten, gehackten Ei	
1 TL mittelscharfem Senf	verrühren
10 junge Spinatblätter	waschen, abtrocknen, entstielen, fein hacken
1 Kästchen Kresse	mit der Schere vom Nährboden abschneiden, waschen, fein hacken
1 Bund feingeschnittener Schnittlauch	
1 Bund feingehackter Dill	
1 Bund feingehackte Petersilie	

	die Kräuter mit
½ TL Salz, ½ TL Zucker	
¼ TL frisch gemahlenem schwarzem Pfeffer	
2 EL Zitronensaft	unter die Soße rühren, evtl. mit Salz, frisch gemahlenem Pfeffer, Zucker abschmecken.

Chinasoße süß-scharf

2 EL Pflanzenöl, z. B. Biskin	erhitzen
2 abgezogene, gewürfelte Zwiebeln	
1 abgezogene, gewürfelte Knoblauchzehe	darin etwa 3 Minuten dünsten lassen
125 ml (⅛ l) Sherry (medium)	
3 EL Tomatenketchup	hinzufügen, aufkochen lassen, mit
Chili- oder Tabascosoße	
Salz	abschmecken, die Soße zugedeckt abkühlen lassen.

Cumberlandsoße

1 Orange (unbehandelt)	
1 Zitrone (unbehandelt)	
	beide Zutaten heiß waschen, abtrocknen, hauchdünn schälen, die Schale in sehr feine Streifen schneiden, mit
1 abgezogenen, gewürfelten Schalotte oder kleinen Zwiebel	in
3 EL Rotwein	zum Kochen bringen, kochen lassen, bis der Rotwein verkocht ist, erkalten lassen, mit
250 g rotem Johannisbeergelee	verrühren
1–2 TL Senf	mit
1 EL Portwein	
1 EL Orangensaft	verrühren, in die Soße geben, mit
gemahlenem Ingwer	
Salz	
Cayennepfeffer	abschmecken.

Tomaten-Paprika-Ketchup

(Foto Seite 75)

1 kg Fleischtomaten	waschen
8 mittelgroße Zwiebeln	abziehen
1 Stück (100 g) Sellerieknolle	putzen, schälen, waschen
250 g rote und 250 g grüne Paprikaschoten	halbieren, entstielen, entkernen, die weißen Scheidewände entfernen, die Schoten waschen, das Gemüse in Stücke schneiden (Stengelansätze der Tomaten entfernen), das Gemüse mit
100 g braunem Zucker 1 EL Salz 1 TL Paprika edelsüß 1 TL Cayennepfeffer 1 TL frisch gemahlenem schwarzem Pfeffer 125 ml (1/8 l) Wein-Essig	etwa 45 Minuten dünsten lassen, durch ein Sieb streichen, die Masse nochmals so lange kochen lassen, bis sie dicklich ist, mit den Gewürzen abschmecken
1 Päckchen Einmach-Hilfe	unterrühren das Ketchup heiß in Schraubverschlußgläser (Twist-off-Deckel) füllen, sofort verschließen, 5 Minuten auf dem Deckel stehenlassen, nach Bedarf verbrauchen.

Roquefortcreme

125 g Roquefort	durch ein Sieb streichen, mit
1 Becher (125 g) saurer Sahne 50 g gemahlenen, gerösteten Haselnußkernen 2 EL trockenem Sherry	verrühren.

Ketchupsahne

125 ml (1/8 l) Schlagsahne	steif schlagen, mit
3 EL Tomatenketchup 1 TL Weinbrand 1 Messerspitze Cayennepfeffer	verrühren.

Weiße Zwiebelsoße

2 Zwiebeln	abziehen, würfeln
1 EL Butter oder Margarine	zerlassen, die Zwiebeln darin glasig dünsten lassen
125 ml (1/8 l) trockenen Weißwein	hinzugießen, so lange dünsten lassen, bis die Flüssigkeit verdampft ist
1 TL Speisestärke Gustin	mit
125 ml (1/8 l) Milch oder Schlagsahne	anrühren, die Zwiebeln damit binden, mit
Salz	
frisch gemahlenem Pfeffer	abschmecken, die Soße zugedeckt erkalten lassen, mit
gerösteten Zwiebeln	garnieren.

Rohe Tomatensoße

(Foto Seite 59)

300 g Fleischtomaten	kurze Zeit in kochendes Wasser geben (nicht kochen lassen), in kaltem Wasser abschrecken, enthäuten, die Tomaten zerkleinern, durch ein Sieb streichen, mit
3 EL Olivenöl	
3 EL Schlagsahne	verrühren, mit
1 TL Paprika edelsüß	
1 TL Rosenpaprika	
Salz	
frisch gemahlenem Pfeffer	
Zucker	würzen
2 Frühlingszwiebeln	putzen, die Knollen abziehen, waschen, in dünne Ringe schneiden, mit der Soße verrühren, kalt stellen.

Frische Kräutersoße

(Foto Seite 47)

150 g Speisequark	mit
3 EL Crème fraîche	
5 EL Schlagsahne	cremig rühren
2 Knoblauchzehen	abziehen, fein hacken

1 Bund Schnittlauch waschen, in Röllchen schneiden
je 1 Bund Dill, Petersilie,
Estragon waschen, fein hacken
1 Stück Salatgurke (50 g) waschen, in feine Würfel schneiden
Kräuter, Knoblauch- und Gurkenwürfel mit der Quarkcreme verrühren, mit
frisch gemahlenem Pfeffer
Salz kräftig würzen, kalt stellen.

Black-Bean-Soße

1 hartgekochtes Ei pellen
100 g schwarze Bohnen
(Black Beans, aus der Dose) abtropfen lassen, mit dem Ei,
5 EL Rotwein
1 EL Kapern im Mixer pürieren, mit
1 TL Rotweinessig
1 TL Rosenpaprika
6 zerdrückten Salbeiblättern
frisch gemahlenem
schwarzem Pfeffer
Tabascosoße kräftig würzen, mit
3 EL Olivenöl verrühren, kalt stellen.

Cashewsoße

(Foto Seite 47)

60 g Champignons
(aus der Dose) abtropfen lassen, mit
60 g Cashewkernen im Mixer pürieren, mit
2 EL Crème fraîche
1 EL gerebeltem Basilikum
1 EL gehackter Petersilie
5 EL Fleischbrühe
1 EL Weinbrand
½ TL abgeriebener
Zitronenschale
(unbehandelt) verrühren, mit
frisch gemahlenem
schwarzem Pfeffer würzen, kühl stellen.

Mangosoße

(Foto Seite 79)

1 reife Mango	schälen, das Fruchtfleisch vom Kern lösen, mit
2 EL Zitronensaft	im Mixer pürieren, mit
½ TL Chilipulver	
2 EL gehackten Pistazienkernen	verrühren, unter
100 g Crème fraîche	heben, mit
Salz	
frisch gemahlenem Pfeffer	abschmecken.

Pesto

(Foto Seite 37)

2 Bund Basilikum	
1 Bund Petersilie	
	beide Zutaten abspülen, trockentupfen, die Blättchen von den Stengeln zupfen
50 g Parmesankäse	grob zerkleinern, mit den Kräutern
½ TL Salz	
2 EL gerösteten Pinienkernen	
6 EL Olivenöl	im Mixer sehr fein pürieren
3 Knoblauchzehen	abziehen, sehr fein schneiden, unter die Soße ziehen, in ein Glas füllen, mit
Olivenöl	bedecken, kühl aufbewahren.

Soja-Pilz-Soße

(Foto Seite 57)

20 g chinesische Trockenpilze	über Nacht in
150 ml Wasser	einweichen, abtropfen lassen, die Flüssigkeit durch ein feines Sieb geben, mit den eingeweichten Pilzen,
2 EL Cream Sherry	
3 EL Sojasoße	
1 EL Zitronensaft	im Mixer pürieren
1 Frühlingszwiebel	putzen, die Knolle evtl. abziehen, die Frühlingszwiebel waschen, würfeln, unter die Soße rühren.

Puten-Thunfisch-Soße

(Foto Seite 59)

150 g Putenschnitzel	unter fließendem, kaltem Wasser abspülen, trockentupfen, in feine Würfel schneiden
2 EL Pflanzenöl, z. B. Biskin	erhitzen, die Putenwürfel darin anbraten
1 Zwiebel	abziehen, in Ringe schneiden, etwa 5 Minuten mit dem Putenfleisch schmoren lassen
150 g Thunfisch naturel (aus der Dose)	abtropfen lassen, Sud auffangen, mit
100 ml Schlagsahne	zu dem Putenfleisch gießen, weitere 5 Minuten schmoren lassen den Thunfisch hinzugeben, nochmals aufkochen lassen, das Thunfisch-Fleisch mit einer Gabel zerdrücken
2 EL Erbsen (aus der Dose)	
1 EL gehackte Pimpinelleblättchen	
2 EL gehackte Petersilie	
1 EL Zitronensaft	zugeben, mit
frisch gemahlenem Pfeffer	abschmecken.

Aioli

(Foto Seite 59)

1 Eigelb	mit
3 abgezogenen, zerdrückten Knoblauchzehen	
Meersalz	solange schlagen, bis das Eigelb hellgelb ist
150 ml Olivenöl	unter ständigem Schlagen zunächst tropfenweise, dann in einem dünnen Strahl hinzugeben
1 TL Zitronensaft	
1 Prise Safranpulver	unter Rühren hinzufügen, die Aioli kalt stellen.

Pflaumensoße

(Foto Seite 57)

60 g Backpflaumen	mit
100 ml schwarzem Tee	
3 EL Marsala, 1 EL Obstessig	
2 EL Sojasoße	im Mixer pürieren
1 abgezogene, gehackte Knoblauchzehe	

1 EL Schnittlauchröllchen	unterrühren, mit
frisch gemahlenem Pfeffer	
Piment	würzen, kühl stellen.

Gedünstete Zwiebelsoße

(Foto Seite 57)

3 Zwiebeln	abziehen, halbieren, in Scheiben schneiden
4 EL Pflanzenöl	erhitzen, Zwiebelscheiben darin in etwa 10 Minuten glasig dünsten
1 EL braunen Rohrzucker	darüber streuen, in etwa 2 Minuten karamelisieren, abkühlen lassen, pürieren, mit
2 EL Sherryessig	
1 EL Senf, 2 EL Salatöl	
2 Eigelb	cremig rühren, mit
Salz	
frisch gemahlenem Pfeffer	würzen, kühl aufbewahren.

Rote Paprikasoße

(Foto Seite 37)

400 g rote Paprikaschoten	waschen, trockentupfen, mit
1 TL Pflanzenöl	einreiben, mit
200 g kleinen Zwiebeln	auf den Backofenrost legen, in den Backofen schieben, alle 5 Minuten wenden
Strom:	Etwa 250 °C
Gas:	Stufe 5–6
Backzeit:	Etwa 30 Minuten
	die Haut von Zwiebel und Paprika sollte bräunlich sein, die Paprika Blasen haben, den Rost aus dem Ofen nehmen, ein feuchtes Tuch darüber legen, abkühlen lassen
	Zwiebeln und Paprika abziehen, die Paprika halbieren, entstielen, entkernen, die weißen Scheidewände entfernen
	beide Zutaten grob zerkleinern, mit
5 EL Pflanzenöl	
1 TL Rosenpaprika	
1 TL Paprika edelsüß	
1 TL Tomatenmark	
frisch gemahlenem Pfeffer	
Salz, Zucker	im Mixer fein pürieren
	die Soße in ein Glas füllen, mit
Pflanzenöl	bedecken, kühl aufbewahren.

Apfel-Feigen-Chutney

(Foto Seite 83)

1 kg Äpfel	schälen, vierteln, entkernen, in Würfel schneiden
50 g Ingwerwurzeln	schälen, in Stücke schneiden
	beide Zutaten mit
250 g Zucker	
50 g abgezogenen, gemahlenen Mandeln	
1 TL Senfpulver	
1 TL Salz	
125 ml (1/8 l) Wein-Essig	etwa 30 Minuten dünsten lassen
2–3 frische Feigen	waschen, enthäuten, in kleine Stücke schneiden, hinzufügen, 15 Minuten mitdünsten lassen, das Chutney mit Salz, Zucker und Senfpulver abschmecken
1 Päckchen Einmach-Hilfe	unterrühren
	das Chutney heiß in Schraubverschlußgläser (Twist-off-Deckel) füllen, sofort verschließen, 5 Minuten auf dem Deckel stehen lassen, nach Bedarf verbrauchen.

Kasselersoße mit Krabben

(Foto Seite 57)

75 g Kasseler	unter fließendem, kaltem Wasser abspülen, trockentupfen, in dünne Streifen schneiden
75 g gepulte Krabben	in dünne Scheiben schneiden
1 Frühlingszwiebel	putzen, waschen, in dünne Ringe schneiden
1 Knoblauchzehe	abziehen, fein hacken
1 kleines Stück Ingwer	schälen, fein hacken, von
1 Stengel Staudensellerie	die harten Fäden entfernen, Sellerie in Streifen schneiden
1/2 rote Paprikaschote	halbieren, entstielen, entkernen, die weißen Scheidewände entfernen, die Schote waschen, in Würfel schneiden
3 EL Pflanzenöl	erhitzen, das Kasseler etwa 1 Minute darin anbraten, Krabben hinzufügen, etwa 2 Minuten mitbraten lassen, die anderen Zutaten hinzufügen, etwa 5 Minuten braten lassen
8 EL Hühnerbrühe	hinzufügen, mit
2 EL Sojasoße	
frisch gemahlenem Pfeffer	würzen, dicklich einkochen
1 EL gehackte Petersilie	
1 TL Zitronensaft	unterrühren.

Pikanter Weinchaudeau

(Foto Seite 47)

2 Eigelb mit	
5 EL Weißwein	
5 EL Fleischbrühe	verrühren, im Wasserbad mit dem elektrischen Handrührgerät mit Rührbesen so lange schaumig rühren, bis fast der Kochpunkt erreicht ist und die Soße cremig ist, unter ständigem Rühren mit
geriebener Muskatnuß	
Zucker	
1 TL Paprika edelsüß	
½ TL Worcestersoße	würzen, abkühlen lassen.

Senfsoße mit Mandeln und Oliven

(Foto Seite 65)

30 g Mandelblättchen	in einer Pfanne ohne Fett braun rösten, abkühlen lassen
125 ml (⅛ l) Schlagsahne	mit
15 grünen Oliven mit Paprika gefüllt	im Mixer pürieren, mit den Mandelblättchen,
2 EL mildem Senf	
1 EL körnigem Senf	
1 TL geriebenem Meerrettich	
frisch gemahlenem weißem Pfeffer	
einigen Rosmarinnadeln	verrühren, kräftig mit frisch gemahlenem Pfeffer, Rosmarin,
geriebenem Meerrettich	abschmecken, kühl stellen.

Bunte Maiscreme

(Foto Seite 65)

150 g Maiskörner (aus der Dose)	abtropfen lassen, mit dem Pürierstab des elektrischen Handrührgeräts pürieren, mit
100 g Crème fraîche	
1 TL Zitronensaft	verrühren
1 kleine rote Paprikaschote	halbieren, entstielen, entkernen, die weißen Scheidewände entfernen, die Paprikaschote waschen, in feine Würfel schneiden, mit

1 EL gehackter Petersilie	
1 EL Schnittlauchröllchen	unter die Maiscreme rühren, mit
Salz	
frisch gemahlenem Pfeffer	
geriebener Muskatnuß	würzen, kühl stellen.

Mixed-Pickles-Vinaigrette

(Foto Seite 65)

100 g Mixed Pickles	
(aus dem Glas)	abtropfen lassen, fein hacken, mit
2 EL Pickles-Flüssigkeit	
1 EL mildem Senf	
8 EL Salatöl	sämig verrühren, mit
Salz	
frisch gemahlenem Pfeffer	würzen
1 hartgekochtes Ei	pellen, hacken, unter die Soße heben.

Apfelsoße mit Senf

2 säuerliche Äpfel	
(z. B. Boskop)	schälen, bis zum Kerngehäuse abreiben, mit
3 EL scharfem Senf	
125 ml (1/8 l) Schlagsahne	verrühren
1 kleine, abgezogene,	
geriebene Zwiebel	unterrühren, die Soße mit
Salz	
frisch gemahlenem Pfeffer	abschmecken.

Apfelsoße süß-sauer

2 Äpfel	waschen, bis zum Kerngehäuse abreiben, mit
100 g Aprikosenkonfitüre	
1 EL mittelscharfem Senf	verrühren, mit
Apfelessig oder	
Zitronensaft	abschmecken.

Gurkenrelish mit Senfkörnern

(Foto Seite 32/33)

50 g Senfkörner	mit
3 EL Obstessig	aufkochen, über Nacht ziehen lassen
1 Salatgurke	waschen, die Enden abschneiden, die Gurke zerkleinern, pürieren
1 kleine Zwiebel	abziehen, fein würfeln mit dem Gurkenpüree,
1 EL gehacktem Dill	
10 g Salz	vermengen, in ein Sieb geben, über Nacht abtropfen lassen das Gurkenmus mit den Senfkörnern in Essig,
frisch gemahlenem Pfeffer	
Ingwerpulver	
Muskatblüte	verrühren, kühl stellen.

Rhabarber-Chutney

(Foto Seite 32/33)

200 g Möhren	putzen, dünn schälen, waschen, grob raspeln
200 g Rhabarber	putzen, waschen, in kurze Stücke schneiden, mit den Möhrenraspeln,
6 EL Sherryessig	
1 TL geriebenem frischem Ingwer	
100 g braunem Rohrzucker	vermengen, mit
frisch gemahlenem schwarzem Pfeffer	
Zimt, Piment	würzen, etwa 1 Stunde bei mittlerer Hitze kochen lassen, die Masse pürieren, in ein Glas abfüllen.

Meerrettichsahne

125 ml (⅛ l) Schlagsahne	steif schlagen, mit
2 EL geriebenem Meerrettich (aus dem Glas)	
1 TL Zitronensaft	verrühren, mit
Salz, Zucker	abschmecken, nach Belieben
1 EL Preiselbeerkompott	unterrühren.

Preiselbeersahne

125 ml (1/8 l) Schlagsahne	steif schlagen, mit
3 EL Preiselbeerkompott	
1 EL geriebenem Meerrettich (aus dem Glas)	
1 TL scharfem Senf	verrühren.

Kaviarsahne

125 ml (1/8 l) Schlagsahne	steif schlagen, mit
30 g Kaviar	
1 TL Zitronensaft	
1 Messerspitze Zwiebelpulver	verrühren.

Gurkensoße

200 g Salatgurke	schälen, längs halbieren, entkernen, in Stücke schneiden, in einem elektrischen Mixer pürieren
2 EL Pflanzenöl	erhitzen, das Gurkenmus darin dünsten lassen, bis die Flüssigkeit verdampft ist, mit
2–3 EL Weinessig	
1 EL Zucker	verrühren, mit
Salz	abschmecken, die Soße abkühlen lassen
2 EL gehackte Dillspitzen	unterrühren.

Tomatencreme mit Oliven

10 spanische Oliven mit Paprika gefüllt	in feine Scheiben schneiden, mit
1 abgezogenen, feingehackten Zwiebel	
3 EL Tomatenketchup	
1 EL trockenem Sherry	
3 EL Zitronensaft	
Zucker	
3 Tropfen Angostura	verrühren, mit
Salz	abschmecken.

Knackiges aus der Salatschüssel

Erfrischende Salate eignen sich ebenso gut als Vorspeise wie als Beigabe zum Fondue. Sie sind die ideale Ergänzung vor allem zum mächtigen Käsefondue. Und was macht Salate fonduegerecht? Knackig frische Gemüse und Blattsalate, die in wenig einfacher Marinade angemacht werden. Die Marinade darf die Frische nicht überdecken, sondern nur angenehm unterstützen. So zubereitet, passen die Salate auch gut zu Fondues, die mit vielen verschiedenen Soßen serviert werden.

Feldsalat Düsseldorf

(Foto Seite 88/89)

	Von
200 g Feldsalat	die Wurzelenden abschneiden, welke Blätter entfernen (größere Blätter teilen), den Salat gründlich waschen, gut abtropfen lassen
2 mittelgroße Orangen	schälen, von der weißen Haut befreien, in Spalten teilen oder in Scheiben schneiden, Spalten bzw. Scheiben halbieren von
1 Bund Frühlingszwiebeln (etwa 250 g)	das dunkle Grün bis auf etwa 15 cm entfernen, die Knollen evtl. abziehen, die Frühlingszwiebeln waschen, in feine Ringe schneiden, die Salatzutaten auf Portionstellern anrichten
	für die Salatsoße
125 ml (⅛ l) saure Sahne	mit
1 EL Salatöl	
3 EL Zitronensaft	
Salz	
frisch gemahlenem Pfeffer	
Zucker	
gemahlenem Ingwer	verrühren
	die Soße über die Salatzutaten geben, sofort servieren.
Tip	Anstelle des gemahlenen Ingwers kann auch Tabasco- oder Worcestersoße verwendet werden.

Serbischer Salat

(Foto Seite 91)

2 große Zwiebeln	abziehen, in Ringe schneiden
2–3 grüne Paprikaschoten	halbieren, entstielen, entkernen, die weißen Scheidewände entfernen, die Schoten waschen, in Streifen schneiden
4–5 Tomaten	waschen, trockentupfen, Stengelansätze herausschneiden, die Tomaten in Scheiben schneiden
	die 3 Zutaten abwechselnd in hohen Gläsern anrichten
	für die Salatsoße
4–5 EL Salatöl	mit
2–3 EL Essig	
Salz	
frisch gemahlenem Pfeffer	verrühren, über die Salatzutaten gießen.

Badische Salatröllchen

(Foto Seite 25)

	Von
1 Eisbergsalat	die äußeren Blätter entfernen, 8 große Blätter abnehmen, waschen, trockentupfen 8–10 kleinere Blätter ebenfalls waschen, abtropfen lassen, in Streifen schneiden
80 g entrindeten Weichkäse	
80 g gekochten Schinken	
	die beiden Zutaten in Streifen schneiden
125 ml (1/8 l) saure Sahne	mit
1 EL gehackter Petersilie	
1 EL Schnittlauchröllchen	
1 EL Tomatenmark	verrühren, mit
Knoblauchpfeffer, Salz	würzen, mit den Salat-, Käse- und Schinkenstreifen vermengen, auf die 8 großen Salatblätter verteilen, die Blätter zusammenrollen, die beiden Seiten dabei nach innen umklappen mit einem kleinen Holzstäbchen feststecken.

Bohnensalat

500 g Grüne Bohnen oder Wachsbohnen	abfädeln, waschen, in etwa 4 cm lange Stücke brechen oder schneiden, in
125 ml (1/8 l) kochendes Salzwasser	geben, garkochen, abtropfen lassen
	für die Salatsoße
3 EL Salatöl	mit
1–2 EL Essig	
Salz	
1 TL gehackten Kräutern (Petersilie, Dill, Bohnenkraut)	
1 abgezogenen, gewürfelten Zwiebel	
saurer Sahne (nach Belieben)	verrühren, die noch warmen Bohnen mit der Soße mischen den Salat gut durchziehen lassen, evtl. nochmals mit Salz und Kräutern abschmecken.
Kochzeit	Etwa 30 Minuten.

Grüner Melonensalat

(Foto Seite 4/5)

1 Ogenmelone	halbieren, entkernen, aus dem Fruchtfleisch kleine Kugeln ausstechen oder das Fruchtfleisch in Würfel schneiden, von
1 Friséesalat	die welken Blätter entfernen, die anderen vom Strunk lösen, die großen Blätter teilen, die Herzblätter ganz lassen den Salat in reichlich Wasser gründlich waschen, aber nicht drücken, auf einem Durchschlag abtropfen lassen von
150 g Feldsalat	die Wurzelenden abschneiden, fehlerhafte Blätter entfernen, größere Blätter evtl. einmal durchschneiden, den Salat gründlich waschen, gut abtropfen lassen die beiden Salate vorsichtig miteinander vermischen, in eine Schüssel geben, die Melonenkugeln darauf geben
	für die Salatsoße
7 EL Sojaöl	mit dem
Saft von 1 Zitrone	verrühren, mit
Salz frisch gemahlenem weißem Pfeffer, Zucker	abschmecken, mit den Salatzutaten vermengen.

Bauernsalat

(Foto Seite 25)

300 g Zwiebeln	abziehen, auf einem Hobel in dünne Scheiben hobeln
4 dünne Scheiben Sauerteigbrot (Roggenbrot, etwa 150 g)	kräftig toasten, mit
60 g Griebenschmalz	bestreichen, in Streifen schneiden
3 Tomaten	waschen, trockentupfen, Stengelansätze herausschneiden, die Tomaten in Scheiben schneiden, Zwiebelringe, Brotstreifen und Tomatenscheiben abwechselnd in eine Schüssel schichten
	für die Salatsoße
1 Knoblauchzehe	abziehen, mit
1 TL Salz	im Mörser zerdrücken, mit
4 EL Obstessig 8 EL Olivenöl frisch gemahlenem Pfeffer 1 TL Paprika edelsüß	verrühren, erst kurz vor dem Servieren über den Salat gießen.

Endivien-Apfel-Salat

(Foto Seite 95)

	Von
1 mittelgroßen Endiviensalat	Wurzeln und äußere Blätter abschneiden, den Endivienkopf halbieren, in Streifen schneiden, gründlich waschen, gut abtropfen lassen
2 säuerliche Äpfel	schälen, vierteln, entkernen, in dünne Scheiben schneiden
	für die Salatsoße
4–5 EL Salatöl	mit
1 TL Essig-Essenz (25%)	
4 TL Wasser	
Salz	
frisch gemahlenem Pfeffer	
Zucker	verrühren
	die Salatsoße mit den Salatzutaten vermengen, sofort servieren.

Tomatensalat

750 g kleine, feste Tomaten	waschen, abtrocknen, vierteln, die Stengelansätze entfernen, die Tomaten entkernen, in Streifen schneiden
	für die Salatsoße
1 kleine Zwiebel	abziehen, fein würfeln, mit
4 EL Salatöl, 2 EL Essig	verrühren, mit
Salz	
frisch gemahlenem Pfeffer	abschmecken, mit den Tomaten vermengen, kurz durchziehen lassen.

Radieschensalat

3 Bund Radieschen (etwa 400 g ohne Grün gewogen)	putzen, waschen, abtrocknen, in Scheiben schneiden
	für die Salatsoße
2 EL Salatöl	mit
2 EL Essig	verrühren, mit
Salz, Zucker	abschmecken, mit den Radieschen vermengen
3 EL feingeschnittenen Schnittlauch	unterrühren.

Sauerkrautsalat

(Foto Seite 25)

200 g frisches Sauerkraut	in ein Sieb geben, kurz mit kaltem Wasser begießen, gut abtropfen lassen
1 mürben Apfel (Cox Orange)	schälen, halbieren, entkernen, grob raspeln
100 g Schattenmorellen (aus dem Glas)	abtropfen lassen
50 g Walnußkerne	grob hacken
	alle Zutaten vermengen, mit
2 EL kalt gepreßtem Olivenöl	
3 EL Traubensaft	verrühren, mit
frisch gemahlenem Pfeffer	
gemahlenem Ingwer	würzen, über Nacht durchziehen lassen.

Rote-Bete-Rohkost

400 g Rote Bete	schälen, waschen, fein raspeln, mit
1–2 EL Zitronensaft	mischen
	für die Salatsoße
1–2 EL Johannisbeergelee	bei schwacher Hitze flüssig rühren, von der Kochstelle nehmen, mit
1 TL mildem Senf	
geriebenem Meerrettich (aus dem Glas)	verrühren, mit
Salz	abschmecken, mit der Roten Bete vermengen.

Spinatsalat

200 g jungen Spinat	putzen, entstielen, waschen, abtropfen lassen
	für die Salatsoße
1 Eigelb	mit
4 EL Salatöl	
1 EL Essig	verrühren, mit
Salz	
frisch gemahlenem Pfeffer	
geriebener Muskatnuß	abschmecken.

Porreesalat

1 Stange Porree (Lauch)	putzen, in sehr feine Ringe schneiden, waschen
1 l Salzwasser	zum Kochen bringen, den Porree etwa 2 Minuten darin ziehen lassen, zum Abtropfen auf ein Sieb geben
	für die Salatsoße
125 ml (1/8 l) saure Sahne	mit
1 EL Mayonnaise	
1 EL Zitronensaft	verrühren, mit
Salz	
frisch gemahlenem Pfeffer	abschmecken, mit dem Porree vermengen.

Kressesalat

4 Kästchen Kresse	
	die Kresse mit der Schere knapp über dem Nährboden abschneiden, waschen, abtropfen lassen
	für die Salatsoße
3 EL Salatöl	mit
1–2 EL Zitronensaft	verrühren, mit
Salz	
frisch gemahlenem Pfeffer	
Zucker	abschmecken, mit der Kresse vermengen.

Eisbergsalat

1 Eisbergsalat	von den welken Blättern befreien, in breite Streifen schneiden, waschen, abtropfen lassen
	für die Salatsoße
3–4 EL Salatöl	mit
2 EL Essig	verrühren, mit
frisch gemahlenem Pfeffer	
Salz	abschmecken
1 Ei	etwa 2 Minuten kochen, aufschlagen, in die Soße rühren
2 Scheiben Toastbrot	in feine Würfel schneiden, in
30 g zerlassener Butter	knusprig rösten
	die Soße mit dem Eisbergsalat vermengen, mit den Brotwürfeln,
1 EL geriebenem Parmesan	bestreuen.

Süße Fondues

Schokolade, Kaffee, Likör und saftige Früchte sind nur einige von vielen schmackhaften Zutaten der süßen Fondueküche. Servieren Sie solche Gaumengenüsse als besonderes Dessert, zum Nachmittagskaffee, bei einem Kinderfest oder abends nach einer nicht zu üppigen Mahlzeit. Zeigen Sie Ihrer Familie und Ihren Gästen die Vielfältigkeit Ihrer Fondue-Ideen – Sie werden Begeisterung ernten!

Puddingfondue

(Foto Seite 98/99)

250 ml (1/4 l) Schlagsahne oder Milch	in einem Fonduetopf auf der Kochstelle zum Kochen bringen
1/2 Päckchen Puddingpulver Vanille-Geschmack	mit
250 ml (1/4 l) Rumtopfflüssigkeit	anrühren, unter Rühren in die von der Kochstelle genommene Schlagsahne (Milch) geben, aufkochen lassen das Fondue auf dem Rechaud weiterköcheln lassen.
Beigabe	Makronen, Knuspergebäck, Früchte aus dem Rumtopf, Orangenspalten, Kiwis in Scheiben, Aprikosen- und Ananasstücke.

Kaffeefondue

500 ml (1/2 l) Milch	in einem Fonduetopf auf der Kochstelle erhitzen
300 g bittere Schokolade	in kleine Stücke brechen, in der Milch unter ständigem Rühren schmelzen lassen
4 EL Pulverkaffee	unterrühren, mit
braunem Zucker	abschmecken das Fondue auf dem Rechaud weiterköcheln lassen.
Beigabe	Butterbrötchen, Sandwich, Sandkuchen (mit Rum oder Weinbrand beträufelt), Schlagsahne.

Karamelfondue

100 g braunen Zucker	in einer Fonduepfanne auf der Kochstelle unter ständigem Rühren schmelzen lassen
250 ml (1/4 l) Schlagsahne	vorsichtig hinzugießen, erhitzen (nicht kochen), mit
Rum	abschmecken das Fondue auf dem Rechaud weiterköcheln lassen.
Beigabe	Makronen, Bananenwürfel, gedünstete Birnen- und Apfelspalten.

Mokkafondue

125 ml (1/8 l) Schlagsahne	in einer Fonduepfanne auf der Kochstelle erhitzen (nicht kochen)
2 EL Pulverkaffee	unterrühren
200 g Vollmilchschokolade	in kleine Stücke brechen, in der Sahne unter ständigem Rühren schmelzen lassen nach Belieben
2 EL Rum	hinzugießen das Fondue auf dem Rechaud weiterköcheln lassen.
Beigabe	Weißbrot, Sandkuchen, Biskuitgebäck, Ananasstücke, Mandarinenspalten, gedünstete Apfel- und Birnenspalten, Feigen.

Mandelfondue

2 EL Mandelmus (aus dem Reformhaus)	mit
125 ml (1/8 l) Schlagsahne	in einem Fonduetopf auf der Kochstelle unter ständigem, kräftigem Rühren langsam erhitzen (nicht kochen)
100 g bittere Schokolade	
100 g Vollmilchschokolade	in kleine Stücke brechen, in der Mandel-Sahne unter ständigem Rühren schmelzen lassen
1–2 EL Honig	unterrühren, mit
Weinbrand oder Rum	abschmecken das Fondue auf dem Rechaud weiterköcheln lassen.
Beigabe	Weißbrot, Sandkuchen, feine Waffeln, Ananasstücke, Weintrauben, Mandarinenspalten, Pfirsichspalten.

Whiskyfondue

250 ml (1/4 l) Schlagsahne	in einem Fonduetopf auf der Kochstelle erhitzen (nicht kochen)
100 g Vollmilchschokolade	
100 g bittere Schokolade	in kleine Stücke brechen, in der Schlagsahne unter ständigem Rühren schmelzen lassen
1 EL Pulverkaffee	
2 EL Whisky	unterrühren das Fondue auf dem Rechaud weiterköcheln lassen.
Beigabe	Ananasstückchen, Birnenachtel, Mandarinenspalten, Ingwerscheiben, helles Graubrot.

Milch-Vanille-Fondue

(Foto Seite 103)

6 Eigelb	mit
100 g Zucker	cremig rühren
½ Vanilleschote	längs aufschneiden, das Vanille-Mark auskratzen, mit
500 ml (½ l) Milch	zum Kochen bringen die heiße Milch unter ständigem Rühren zu der Eigelb-Masse geben, die Soße wieder erhitzen (nicht kochen lassen), evtl. durch ein Sieb gießen, mit
Obstlikör	abschmecken die Masse in einen Fonduetopf umfüllen, auf dem Rechaud warmhalten.
Beigabe	Feines Kleingebäck, Sandkuchen, Walnußkerne, Schokolade, Kiwistücke, Erdbeeren, Weintrauben, Bananen, Orangen, Birnen, Pfirsiche, Äpfel, Aprikosen.

Eier-Wein-Fondue

1 Ei	mit
2 Eigelb	
1 gestrichenen EL Speisestärke Gustin	
50 g Zucker	
250 ml (¼ l) Weißwein	
abgeriebener gelber Schale von ½ Zitrone (unbehandelt)	
1 EL Zitronensaft	in einem kleinen Kochtopf gut verschlagen, im Wasserbad oder auf der Automatikplatte so lange durchschlagen, bis die Masse durch und durch schaumig ist die Masse in einem Fonduetopf auf dem Rechaud weiterköcheln lassen.
Beigabe	Löffelbiskuits, Sandkuchen, Zitronenkuchen, Weißbrot, Bananenstücke, Orangenspalten, Melonenstücke.

Schokoladenfondue

(Foto Seite 105)

300 ml Schlagsahne	mit
1 Vanilleschote	
1 EL Weinbrand	zum Kochen bringen die Schoten herausnehmen, aufschlitzen, das Mark heraus-kratzen, in die Sahne geben
je 150 g dunkle und	
helle Kuvertüre	im Wasserbad schmelzen, unter die heiße Sahne rühren, Schokoladensoße im Fonduetopf warm halten.
Beigabe	Sandkuchen, Waffeln, Biskuitgebäck, Pfirsichspalten, Erdbeeren, Weintrauben, Kirschen, Kiwistücke.

Orangenfondue

375 ml (3/8 l) Orangensaft	
(von etwa 5 Orangen)	mit
2–3 EL braunem Zucker	in einem Fonduetopf auf der Kochstelle zum Kochen bringen, die Flüssigkeit auf etwa 250 ml (1/4 l) einkochen lassen
1 EL Speisestärke Gustin	mit
2 EL Zitronensaft	anrühren, den Saft damit binden, mit
Zucker	abschmecken das Fondue auf dem Rechaud weiterköcheln lassen.
Beigabe	Zwieback, Löffelbiskuits, Bananenwürfel, gedünstete Apfel- und Birnenspalten, Pfirsichspalten (aus der Dose).

Sirupfondue

50 g durchwachsenen Speck	in kleine Würfel schneiden, in einer Fonduepfanne knusprig braten
4 EL Weinessig	unterrühren, verkochen lassen
etwa 250 g dunklen Sirup	hinzufügen, erhitzen
1 EL Speisestärke Gustin	mit
125 ml (1/8 l) Schlagsahne	anrühren, die Sirupmasse damit binden das Fondue auf dem Rechaud weiterköcheln lassen.
Beigabe	Weißbrot, Graubrot, gedünstete Äpfel- und Birnenspalten Ananasstücke.

A

B

C

E

F

G/H

K

Man nehme:

Dr. Oetker

Die Rezepte in diesem Buch sind – wenn nicht anders angegeben – für 4 Personen berechnet.

Wir danken folgenden Firmen für die freundliche Unterstützung

Gesellschaft für Europäische Kommunikation mbH, Hamburg
Heino Netz Metallkunst GmbH, Friolzheim
Jahreszeiten-Verlag, Hamburg
MPR Dr. Muth Public Relations, Hamburg
PR Wilkens, Hamburg
prhh Publicrelations, Hamburg
Schweizerische Käseunion AG Deutschlandbüro München
Union Deutsche Lebensmittelwerke, Hamburg

Redaktion Carola Reich

Titelfoto Thomas Diercks, Hamburg
Innenfotos Der Fotograf, Bielefeld
Thomas Diercks, Hamburg
Foto Studio Büttner, Bielefeld
Herbert Maass, Hamburg
Christiane Pries, Borgholzhausen
Michael Somoroff, Hamburg
Brigitte Wegner, Bielefeld
Arnold Zabert, Hamburg

Manuskript Eike Linnich, Hamburg

Satz adrupa, Paderborn
Druck Mohndruck, Gütersloh

ISBN 3-7670-0321-X